Allitera Verlag

(KEIN) SCHLUSS-STRICH

Wie die Menschen zwischen Berlin und Sofia des Jahres 1989 gedenken

Herausgegeben von n-ost e.V. –
Netzwerk für Osteuropa-Berichterstattung

Allitera Verlag

Gefördert mit Mitteln der Bundesstiftung zur Aufarbeitung der SED-Diktatur

Idee und Konzept: Bára Procházková
Projektleitung und Redaktion: Dörthe Ziemer

n-ost – Netzwerk für Osteuropa-Berichterstattung
Netzwerk für Osteuropa-Berichterstattung n-ost
Neuenburger Straße 17
D-10969 Berlin
Tel: +49-30-259 32 83-0
n-ost@n-ost.de
www.n-ost.de

Bildnachweis

Archiv Lange: 48 · Bognar, Peter: 117 · Dalipaj, Gerda: 21, 24 · Groeblacher, Alex: 75 · Kwolek, Grzegorz: 61 · Neumann, Steffen: 87 · privat: 34, 37, 50, 78, 91, 101, 106 · Rogozinski, Marcin: 64 · Taylor, Aaron: 115

Weitere Informationen über den Verlag und sein Programm unter:
www.allitera.de

Mai 2010
Allitera Verlag
Ein Verlag der Buch&media GmbH, München
© 2010 Buch&media GmbH, München
Umschlaggestaltung: Kay Fretwurst, Freienbrink
Herstellung: Books on Demand GmbH, Norderstedt
Printed in Germany · ISBN 978-3-86906-116-0

Inhalt

Vorwort: Zwanzig Jahre später 7

ALBANIEN: Die Wende als politische Waffe 13
Von Gerda Dalipaj und Eckehard Pistrick
»Wir wollten die Welt sehen« – Interview mit Alfred Cako (46) ... 21
»Wir müssen unsere eigene Wahl treffen« – Interview mit
Xhodi Hysa (22) 24

BULGARIEN: Kein Grund zum Feiern 27
Von Diljana Lambreva
»Der Übergang war ein traumatisches Ereignis« – Interview mit
Edvin Sugarev (57) 34
»Ich profitiere von den Veränderungen« – Interview mit
Maria Zaneva (22) 37

DEUTSCHLAND: Von der Schwierigkeit einer Versöhnung ... 40
Von Benjamin Haerdle
»Unsere Erde bräuchte eine Alternative« – Interview mit
Bernd-Lutz Lange (66) 48
»Ich weiß die Freiheit sehr zu schätzen« – Interview mit
Christin Horrmann (21) 50

POLEN: Streit um die Jubiläumsfeiern 54
Von Marcin Rogoziński
»Die Realität war nur noch absurd« – Interview mit
Waldemar Fydrych (56) 61
»In der Internet-Ära kann jeder eine Autorität sein« – Interview
mit Piotr Gieburowski (22) 64

RUMÄNIEN: REVOLUTION ODER PUTSCH? 67
Von Alex Gröblacher
»Es war das reinste Chaos« – Interview mit Claudiu Baciu (38) 75
»Die Generation 1989 will keinen Kommunismus« – Interview
Maria-Gabriela Iordăchioaia (21) 78

SLOWAKEI: DIE SUCHE NACH EINEM GRUNDKONSENS 81
Von Steffen Neumann
»Es war ein tschechoslowakischer November« – Interview mit
Peter Zajac (64) 87
»Die Freiheit ist sehr fragil« – Interview mit Roberta Krmášková (21) 91

TSCHECHIEN: VIEL ZU SAMT 94
Von Hans-Jörg Schmidt
»Wir müssen damit anfangen, uns selbst zu verändern« – Interview
mit Libuše Dosedělová (52) 101
»Ich würde darüber gern mehr erfahren« – Interview mit
Tereza Rypkova (20) 106

UNGARN: WANDEL OHNE WECHSEL 108
Von Peter Bognar
»Ein Dritter Weg kam für uns nie in Frage«
Interview mit Bálint Magyar (57) 115
»Es muss ein neuer Wechsel her«
Interview mit Gergely Nagy (20) 117

Die Autoren 119

Vorwort
Zwanzig Jahre später
Glossen zu einem heiklen Thema
Von György Dalos[1]

Der italienische Seefahrer Christoph Columbus glaubte laut der Überlieferung bis zu seinem Tode fest daran, dass er, anno 1493, in vollem Einklang mit dem Auftrag der Königin Isabella den Meeresweg nach Indien gefunden hätte. Wenige Jahre später erreichte sein Landsmann Amerigo Vespucci mit einer von dem Bankhaus Medici gesponserten Flottille dieselben Küsten und wusste bereits, dass es sich dabei um einen bisher unbekannten Kontinent handelte. Die spätere Namensgebung des Erdteils sollte seinem Copyright als Entdecker Rechnung getragen haben. Da jedoch der Vorname Amerigo mit dem lateinischem Emericus und dem deutschen Emmerich identisch ist, dachten viele Ungarn, dass Fürst Imre, der frühzeitig verstorbene Sohn des heiligen Königs Stephan und der bayrischen Fürstin Gisela, der eigentliche Pate der USA gewesen sei. Ob sich dieser Stolz auch auf den »US-Imperialismus« oder den »American way of life« erstreckte, sei dahingestellt.

Jedenfalls scheint mir als ehemaligem ungarischen Dissidenten Columbus' produktiver Irrtum eine gespenstische Ähnlichkeit mit der Verfehlung unserer Andersdenkenden aufzuweisen. Wir träumten nämlich ebenfalls von einem relativ unkomplizierten Weg in das Wunderland

---

[1] Der ungarische Publizist und Schriftsteller György Dalos war Mitbegründer der demokratischen Opposition in Ungarn und Redakteur der ostdeutschen Untergrundzeitschrift Ostkreuz. Heute lebt er in Berlin und ist Mitherausgeber des Freitag. Zuletzt ist sein Buch »Der Vorhang geht auf. Das Ende der Diktaturen in Osteuropa« im Verlag C. H. Beck erschienen.

Indien und sind dann ganz woanders gelandet. So habe ich mir beispielsweise in einem Aufsatz für die Berliner Kulturzeitschrift Kursbuch Anfang 1985 den Ablauf folgendermaßen vorgestellt:

»Stellen wir uns das Unwahrscheinliche vor: Ein verjüngtes Zentralkomitee in Moskau entscheidet sich für die Befreiung der Sowjetunion von ihren immer lästiger werdenden Verbündeten: ›Sehen Sie doch ein, Genossen‹, sagt der erst dreiunddreißigjährige Erste Sekretär, ›dass diese kleinen osteuropäischen Staaten mit ihrer chaotischen ökonomischen Situation, mit ihren unbegreiflichen inneren Widersprüchen und schädlichen Ideologien nur unseren kommunistischen Aufbau erschweren. Viel richtiger wäre es meines Erachtens, diese Gesellschaften – unter Wahrung unserer militärischen Interessen – ihrer eigenen Entwicklungsdynamik zu überlassen. Vom propagandistischen Standpunkt aus würde uns dies nur Vorteile bringen. Einerseits könnten wir dann wieder als Befreier dieser Länder gefeiert werden, andererseits waren unsere Ideale, wie die Erfahrung zeigt, stets viel erfolgreicher in Gesellschaften, in denen nichts oder nur sehr wenig von ihnen verwirklicht worden ist.‹

Die Worte des Ersten Sekretärs werden einstimmig zum Gesetz erhoben, der Warschauer Vertrag wird gekündigt, die in der osteuropäischen Region stationierten sowjetischen Truppen werden mit Militärmusik und Blumen verabschiedet, und die Länder des ehemaligen Ostblocks beginnen mit der Regelung ihrer eigenen Probleme. Durch freie Wahlen, an denen mehrere Parteien teilnehmen dürfen, schaffen sie ihre parlamentarischen Institutionen, sie öffnen die Grenzen und garantieren die Freiheitsrechte, einschließlich eines vernünftig beschränkten Privatbesitzes. Alles andere – das McDonalds-Netz, die Arbeitslosigkeit, die Peep-Shows – kommen von selbst.«

Noch viel früher, 1983, wagte mein Freund und Kollege György Konrád eine Landkarte der von ihm ersehnten Veränderungen vorzuzeichnen. In seiner »Antipolitik« schrieb er: »Ich halte nicht nur Budapest, Pressburg, Prag, Krakau, Warschau und Berlin für Europa. Doch wenn ich schon Leningrad und sogar Moskau zu Europa rechne, warum eigentlich sollte ich dann bei Wladiwostok stehen bleiben? Es handelt sich um Eurasien. Dazwischen gibt es keine Staatsgrenze. Man kann auch im Maßstab Eurasiens denken. Das ist eine Perspektive, die besser passt zur zweiten Jahrtausendwende als die Perspektive des kleinen Westeuropa. Ich möchte mich für den Sohn eines utopischen Europa halten, der mit seinen Armen den Stillen Ozean sowohl bei San Francisco als auch bei Wladiwostok erreicht und das Umarmte in Frieden hält.«

Zur Entschuldigung unserer Generation sei gesagt, dass man am Ende der sowjetischen Ära manche Phänomene gar nicht vorhersehen konnte. Erstens dachte niemand an das verrückte Tempo der Veränderungen, zweitens unterschätzten selbst Ökonomen die Schwierigkeiten des Übergangs zur Marktwirtschaft und drittens, was vielleicht am wichtigsten ist, rechnete man nicht mit der nationalen Wiedergeburt in dem heutigen Maße. Einige Länder wie Polen, Ungarn, Rumänien, Bulgarien und Albanien gewannen in ihrem früheren geographischen Rahmen die Rechtsstaatlichkeit, während auf der Landkarte der neunziger Jahre gleichzeitig auch völlig neue Staatsbildungen erschienen: Armenien, Aserbeidschan, Belarus, Bosnien, Deutschland (als einheitliches Land), Estland, Georgien, Kroatien, Lettland, Litauen, Moldau, Montenegro, Russland, Serbien, Slowakei, Slowenien, Tschechien und die Ukraine. Die Veränderung der Landkarte betraf ein Territorium mit einer Bevölkerung von fast fünfhundert Millionen Menschen.

Einerseits war die Bildung dieser modernen Nationalstaaten das Allernatürlichste nach so vielen Jahrzehnten oder gar Jahrhunderten der Fremdbestimmung. Geschulte Marxisten hätten diesen Prozess wie seinerzeit die deutsche Reichsgründung zähneknirschend als »objektiv fortschrittlich« bezeichnet. Andererseits bedeutete der Zerfall des Riesenreiches eine enorme Desintegration, die besonders in den Fällen, wo das Recht auf Selbstbestimmung manchen Völkerschaften oder Minderheiten verweigert worden war, mitunter apokalyptische Züge trug. Während zwischen den EU-Staaten die Grenz- und Zollbeamten langsam zur Arbeitslosigkeit verurteilt wurden, entstanden seit 1989 ungefähr 40 neue zwischenstaatliche Grenzen, zur Zeit des Eurotriumphes wurden mehr als 20 neue nationale Währungen, von der estnischen Krone zur ukrainischen Hrywnja, eingeführt, und während die NATO, nicht zuletzt aus finanziellen Gründen, die Straffung und Vereinheitlichung der Verteidigungssysteme des Kontinents betreibt, werden in Europas Osten neue nationale Armeen aufgestellt.

Die Länder, welche in den ehemaligen politischen oder ideologischen Einflussbereich der Sowjetunion gehörten, waren früher von der freien Welt mehr oder weniger isoliert. Anders als mancher autoritäre Staat des Westens wie Portugal, Spanien, Griechenland oder die Türkei, haben die Diktaturen des Ostens dafür »gesorgt«, dass ihre Völker die Jahrzehnte der europäischen Nachkriegszeit und damit die Modernisierung des politischen Lebens versäumten. Mehr als zwanzig Jahre trennen diese Länder von dem »real existierenden Sozialismus«, aber sie leben immer noch zumindest parallel heute und gestern, wobei wir unter der letzteren

Zeitebene manchmal die gesamte unter den Teppich gekehrte nationale Geschichte verstehen. Versatzstücke der grauen Urgeschichte, des Mittelalters, der frühen Neuzeit, die durch jahrhundertelange Fremdherrschaft ausgelösten Animositäten, Mythen, Illusionen und Ängste prägen das aktuelle Geschehen von Baku bis Warschau in einem Maße mit, das westlich von der Leitha unvorstellbar wäre.

Nun sind die Feiern zum 20. Jubiläum des Jahres 1989 abgeklungen: Von Berlin bis Bukarest wurden die historisch gewordenen Verhandlungen am Runden Tisch, die Neubestattung der namenlos verscharrten Opfer der Diktaturen, die Leipziger Montagsdemos, die Kleiderprobe des Präsidenten Havel und der Volksaufstand im rumänischen Timişoara heraufbeschworen. Die Deutschen stellten begreiflicherweise den Fall der Berliner Mauer in den Mittelpunkt der Erinnerungen und interpretierten die Ereignisse von damals als Präludium der Wiedervereinigung, die in der Tat als Ergebnis gelten konnte, obwohl sie in dieser Form seinerzeit von niemandem als Ziel gesetzt wurde. Revolutionäre treten selten mit exakten Drehbüchern auf, sie handeln wie im Rausch, ganz entsprechend der bekannten Parole des Pariser Mai 1968: »Sei Realist und fordere das Unmögliche!« Was dann durch ihr euphorisches Tun möglich wird, ist meistens sowohl mehr als weniger, aber immer anders, als sie sich vorgestellt haben. Daher rührt ein gewisser Katzenjammer, sobald die neue Realität entsteht.

So zeigt sich in den Reformländern Ungarn, in Tschechien und nicht zuletzt in der ehemaligen DDR eine manchmal an Wahlergebnissen messbare, massenhafte Nostalgie für die »goldenen« siebziger und achtziger Jahre als Reflex vor allem der mittleren und älteren Generation auf eine Gegenwart, in deren Atmosphäre sie nicht unbedingt heimisch werden konnte. In den tristen Nachfolgestaaten der ehemaligen UdSSR äußert sich die existentielle Unsicherheit in der direkten Hinwendung zu den Kommunistischen Parteien, die vielerorts als Wahlsieger daraus profitieren. Bei aller Bedeutung der sozialen Nöte, welche die Menschen in die Arme der früheren Machthaber treiben, müssen wir auf die psychischen Hinter- und Abgründe dieses Phänomens hinweisen. Zigmillionen Menschen leben in einem historischen Vakuum und sehnen sich nach einer stabilen Werthierarchie.

Als typische »Nachwehen des Sozialismus« erscheinen uns selbst die mitunter heftigen innenpolitischen Kämpfe des Ostens – wie in Serbien, der Ukraine oder Georgien. Diese werden abseits der institutionellen Rahmen und ziemlich vehement ausgefochten und von den beteiligten Bürgern als eine Art zweite Revolution erlebt. Sie korrigieren mancherorts die nicht immer sauberen Wahlergebnisse, führen jedoch bestenfalls zur neuen Aufteilung der Pfründe zwischen den verschiedenen Machteliten, die wiederum, unabhängig von ihrer weltanschaulichen Färbung, immer noch nach dem alten Apparat riechen.

Erinnerung kann beiden Beteiligten keineswegs nur Nostalgie, sondern auch unangenehme Gefühle hervorrufen. Dazu ein persönliches Beispiel: Im Frühjahr 2004 hatte ich die Ehre, ein Gespräch zwischen zwei Literaturnobelpreisträgern, dem Ungarn Imre Kertész und dem Deutschen Günter Grass, zu moderieren. Am nächsten Morgen rief ein Freund bei mir an und teilte mir mit, dass eine der größten liberalen Tageszeitungen auch meinen Namen erwähnte, und dies sogar zweimal in einer Nummer. Dieser Bericht schmeichelte meiner Eitelkeit dermaßen, dass ich den albernen Hinterton aus dem Anruf nicht heraushörte. In der Tat fand ich im Kulturteil des Blattes ein Foto, auf dem ich zwischen den beiden Weltberühmtheiten saß. Nach der zweiten Erwähnung musste ich lange suchen – ich fand sie sie schließlich als Schlagzeile auf der ersten Seite. An dem Tag fühlte sich einer der bekanntesten ungarischen Popsänger bereit, öffentlich zugeben, dass er jahrelang seine eigene Musikgruppe bespitzelt hatte, zu welchem Zweck ihm sein Führungsoffizier ausgerechnet den Decknamen »Dalos« – zu Deutsch »Sänger« – verliehen hatte. Es gab in Ungarn mehrere Fälle, in denen Geheimagenten Decknamen von real existierenden Personen, darunter auch kritisch denkende Intellektuelle, erhielten.

Selbstverständlich wusste ich, dass die »Firma« in puncto Namensgebung über eine recht gemäßigte Fantasie verfügte, denn auch die Opfer ihrer Neugier – im ungarischen Stasijargon »Zielpersonen« – versah sie mit Pseudonymen. Ich kam mit meinem Codenamen als »Organisator« noch relativ gut weg, aber einige Freunde erhielten Decknamen wie »Fanatiker«, »Intrigant« und ein mutiger Bürgerrechtler, der aus Protest gegen die Behördenwillkür in Hungerstreik trat, hieß bei ihnen ganz zynisch »Diätmacher«. Am einfachsten hatten es der Historiker Miklós Szabó, der als Zielperson »Historiker« hieß, und der Klavierkünstler Zoltán Kocsis, der als »Musiker« in den unabsichtlich zusammengestellten Gothaer Almanach der Andersdenkenden Aufnahme fand. Ich weiß nicht, warum, aber die Tatsache, dass diese Behörde ihren durch Erpressung oder Bestechung angeworbenen Mitarbeitern gelegentlich bekannte Namen von anständigen Menschen spendierte, erfüllt mich heute noch mit frischer Empörung.

Meine Lehr- und Wanderjahre verbrachte ich im so genannten Ostblock, ich studierte in Moskau, lebte als Übersetzer in Budapest und fand in den siebziger Jahren auch eine Art politische Heimat in den Oppositionsgruppen der Region. In Prager Kneipen, Ostberliner Dachwohnungen und Moskauer Küchen zu sitzen, über Lüge und Wahrheit, Freiheit und Unfreiheit zu diskutieren – dies war damals die einzige Möglichkeit der Sozialisation für Menschen, welche sich außerhalb des Rahmens der offiziellen Kultur behaupten wollten. Bei aller Diskriminierung, was Schreib-, Reise- oder Arbeitsmöglichkeiten betraf, fühlten wir Außenseiter uns moralisch eindeutig besser als die zunehmend verunsicherten privilegierten Repräsentanten der machtgeschützten Innerlichkeit. Ja, man musste schon aufpassen und das, was man vorhatte, nicht jedem Nächstbesten auf die Nase binden. Und doch bin ich ein wenig neidisch auf uns aus den siebziger und achtziger Jahren.

Selbst wenn unsere schöngeistige optimistische Vision aus den achtziger Jahren von der realen Entwicklung widerlegt worden ist, glaube ich nicht, dass die private Futurologie, welche an den Küchentischen der Dissidenten entstand, ein bloßer intellektueller Zeitvertreib war. Im Gegenteil: Damals produzierten wir Ideen mit alltäglicher Intensität, ohne uns darum zu scheren, ob sie zur öffentlichen Verbreitung jemals zugelassen werden. Heute hingegen verfügt unsere Gesellschaft über die großzügigste Redefreiheit ihrer Geschichte und sie scheint – dies konstatiere ich mit einiger Melancholie – wenig Lust, Mut und Phantasie zu haben, sich über die eigene Zukunft Gedanken zu machen. Dies trifft auf viele ehemalige Menschrechtler zu. Etwas verkürzt könnte ich behaupten, dass wir damals freier dachten als redeten, während wir heute freier reden als denken. Und wovor ich Angst habe, ist die Möglichkeit, dass mit dem Abklingen der runden Jahrestage und mit dem Verschwinden der Generation der Betroffenen auch diese Betroffenheit in Vergessenheit gerät.

ALBANIEN

Die Wende als politische Waffe

Von Gerda Dalipaj und Eckehard Pistrick

Erinnern fällt in einem Land wie Albanien, das sich seit 20 Jahren in einer von Rückschlägen gekennzeichneten Transformation von einer stalinistischen Diktatur zu einer demokratischen Gesellschaft befindet, besonders schwer. Umso erstaunlicher ist es, dass gerade in diesem durch die kommunistische Diktatur von Enver Hoxha isolierten Land die offiziellen Feierlichkeiten zum Gedenken an die friedlichen Revolutionen in Ost- und Mitteleuropa nicht nur von der Öffentlichkeit interessiert wahrgenommen, sondern auch in den Medien kontrovers diskutiert wurden. Resultat des Medien-Echos war neben einer weiteren Aufklärung der Bevölkerung über die damaligen Ereignisse in den Ländern des östlichen Europas auch eine Schärfung ihres Geschichtsbewusstseins.

Unter dem Eindruck zahlreicher kultureller und politischer Initiativen wendeten sich die Menschen der eigenen Geschichte und den damit verbundenen Kontinuitäten in Politik und Gesellschaft zu. Einen längst überfälligen Diskurs hatte bereits Jahre zuvor der verfolgte Schriftsteller und Intellektuelle Fatos Lubonja gefordert.

Lubonja wurde schon als 23-Jähriger wegen »Agitation und Propaganda« zu sieben Jahren Gefängnis verurteilt, nachdem man seine regimekritischen Tagebücher gefunden hatte. Während er seine Haftstrafe in den Kupferminen von Spaç in Nordalbanien verbüßte, wurde er 1979 mit Mitgefangenen erneut angeklagt, diesmal wegen der »Schaffung einer konterrevolutionären Organisation«. Das Urteil sah weitere 25 Jahre Haft für ihn vor, vor denen ihn nur der Umbruch 1991 bewahrte. Mit seiner insgesamt 17-jährigen Hafterfahrung gilt Fatos Lubonja in Albanien seither als moralische Autorität.

Stimuliert durch das Jubiläumsjahr fanden die bisher auf intellektuelle Kreise beschränkten Debatten endlich auf einer breiten gesellschaftlichen Basis statt. Doch nicht jeder, der sich daran beteiligte, sah darin einen ernsthaften Diskurs.

So schätzte Fatos Lubonja am Ende des Erinnerungsjahres ein, dass polemische und politisch motivierte Diskussionen eine sachliche Aufarbeitung der Vergangenheit verdrängt hatten. Der Schriftsteller bezeichnete die albanische Wende als Mythos, als ein Bühnenstück, das nichts mit einem wahren Wandel oder gar einer Revolution zu tun habe. Die Wende sei von oben herab von der letzten kommunistischen Regierung Ramiz Alia vorbereitet und organisiert worden. Eine Volksbewegung wie in anderen osteuropäischen Ländern habe nicht stattgefunden – schon allein deshalb nicht, weil die entsprechenden Führungsfiguren fehlten oder in den Gefängnissen verschwunden waren.

»Den Albanern wurde die Freiheit gegeben, sie haben sie sich nicht erarbeitet«, sagt Lubonja. Deshalb dauerten die Kontinuitäten von Eliten und Macht bis heute fort, obwohl die politische Führung anstatt über ihre eigene Verantwortung über ihren »Widerstand« gegen das Regime spreche. Die albanische Wende sei ein Sonderfall, den man eher mit der Situation in China und Russland als mit der in Polen oder der Tschechischen Republik vergleichen könne, so Lubonja. Seiner Meinung nach ist die seit 2008 geführte Diskussion um die Öffnung der Akten der Verfolger und der Verfolgten eine reine Scheindiskussion, denn ein Großteil dieser Akten sei bereits vernichtet.

Terror im albanischen Gulag

Wer im stalinistischen Albanien politisch verfolgt wurde, war nicht allein Opfer. Auch die ganze Familie war über Generationen von diesem Schicksal gezeichnet. Karrieren wurden zerstört, Heiraten verhindert und eine systematische soziale Ausgrenzung betrieben. Besonders im Visier der Partei standen Intellektuelle und das Bürgertum, das vor und während des 2. Weltkriegs der Regierung des albanischen Königs Zogu gefolgt war. Skënder Leka, der seine Karriere als talentierter Fußballer aufgeben musste, erinnert sich an seine Zeit im berüchtigten Gefängnis von Spaç in Nordalbanien: »Weil sie uns nicht einmal Coupons zum Essen gaben, habe ich diese Zeit ›Den Streik der Stille‹ genannt – die Menschen und die ganze Gesellschaft sprachen nicht mit uns, wir wurden als gefährlich eingestuft.«

Die Gefängnisse in Spaç und Burrel in Nordalbanien waren den sowjetischen Gulags vergleichbar. »Mein erster Eindruck von Spaç war, dass ich hier nie wieder herauskommen würde«, schrieb Fatos Lubonja in einem Artikel im August 2009. Er nannte seine Zeit im Lager »den höchsten Punkt der menschlichen Degradierung, aber auch den höchsten Punkt des Menschseins«. In anderen Arbeitslagern wie in dem in Mittelalbanien gelegenen Dorf Kosova wurden Intellektuelle und Widerständler mit schwerer Feldarbeit an den Rand des körperlichen Zusammenbruchs gebracht. Selbst nach der Entlassung waren die einstigen Insassen weiterhin sozial ausgegrenzt und unter ständiger Beobachtung.

Mit dem Tod von Enver Hoxha 1985 schöpften viele Gefangene Hoffnung. Skënder Leka: »Wir wussten alle, dass es eines Tages passieren würde. Wir hörten ausländische Radio-Stationen wie Deutsche Welle und Voice of America. Wir waren durstig nach Informationen. Der Tod von Hoxha gab uns Hoffnung, aber noch mehr die aufkeimenden politischen Beziehungen zu Deutschland.«

Für die verfolgten Familien ist das Vergessen ein komplexer und oft unmöglicher Prozess. Mit Misstrauen und Bitterkeit betrachten sie vor allem die heutige politische Führungsschicht, die teilweise aus der alten kommunistischen Elite hervorgegangen ist.

Besonders rund um die Parlamentswahl am 28. Juni 2009, aber auch im darauf folgenden Machtkampf, wurde die Wende als Symbol und politische Waffe instrumentalisiert. In ihrem erbitterten verbalen Schlagabtausch benutzten der wieder gewählte Premier Sali Berisha (Demokratische Partei – PD) und sein Herausforderer, der Sozialist Edi Rama, ihre eigene Rolle während der Wende immer wieder zur Legitimation der eigenen Macht. Sali Berisha war mit seiner Demokratischen Partei in der Zeit von 1989 bis 1991 ein Motor der politischen Wende, Edi Rama nahm als Professor aktiv an den Studentenbewegungen in Tirana teil. Ende November 2009 folgten mehr als 50.000 Menschen dem Aufruf von Rama – sie protestierten in Tirana und anderen Städten gegen die neue Macht.

Rama wählte als Datum für seine Demonstrationen bewusst den 20. November, womit er nicht nur an die Samtene Revolution 1989 in der ČSSR, sondern auch an den Beginn der Orangenen Revolution in der Ukraine am 20. November 2004 erinnern wollte. Durch die beiden historischen Volksbewegungen kam die herrschende Regierung zu Fall – in die gleiche Reihe der Sieger wollte sich auch Rama stellen. Überflügelt wurden Ramas Demonstrationen aber von einer Großkundgebung anlässlich der Studentenproteste am 8. Dezember 1991, die Berishas Regierungspartei initiiert hatte. Nach Regierungsangaben kamen 500.000 Menschen zusammen – zehnmal mehr als bei Rama. Während Berisha den gewonnenen Wettlauf um die größte Anhängerschar als Bestätigung für seine Politik eines »europäischen Albaniens« wertete, griff Edi Rama den Premier scharf an: Er setzte dessen Herrschaftsmethoden mit denen des letzten kommunistischen Machthabers Ramiz Alia gleich.

Gerade die Person Ramiz Alia und die Endphase des kommunistischen Regimes waren 2009 Gegenstand zahlreicher Diskussionen über die Ursachen und Urheber der Wende-Bewegung. Ramiz Alia trat im Oktober 2009 selbst im Fernsehen auf und sprach über die Rolle Albaniens bei der Errichtung und beim Fall der Berliner Mauer. Die Besuche von Franz-Joseph Strauss 1984 und 1986 und von Hans-Dietrich Genscher 1987 in Albanien wertete er als Meilensteine auf dem Weg aus der Isolation seines Landes. Albanien sei der letzte Domino-Stein in einer Kette von Ereignissen in Osteuropa gewesen.

Über seine eigene Rolle bei den Wende-Ereignissen schwieg der letzte Chef der Arbeiterpartei jedoch. Der Journalist Bashkim Kopliku korrigierte unlängst das heute verklärte Bild von Alias damaliger Politik. Alia wird in der albanischen Bevölkerung als Moderator gesehen, der Reformen und die Öffnung des damals isolierten Landes behutsam vorbereitete.

Fakt ist jedoch, dass unter Alia, bis in die letzten Tage des Regimes – selbst im Freiheitsjahr 1989, Verfolgung und Exekutionen fortgesetzt wurden. Menschen, die vor der katastrophalen ökonomischen Lage in ihrer Heimat fliehen wollten, wurden an der griechischen Grenze erschossen. Noch im Juli 1990 war das Regime in der Lage, eine Gegendemonstration gegen die Demokratisierung des Landes zu organisieren. Selbst der Clan des 1985 verstorbenen Diktators Hoxha, insbesondere dessen Gattin Nexhmie Hoxha, sicherte sich weiterhin Einfluss auf die albanische Politik. Gerade die im Hintergrund wirkende Witwe des Diktators wird für die Fortführung der Methoden Hoxhas in einer Zeit der allgemeinen Liberalisierung verantwortlich gemacht.

In den Medien wurde die Wende im jahr 2009 vor allem in Bezug zur gegenwärtigen politischen Situation gesetzt: Welche Rolle spielt die Entwicklung Albaniens seitdem für den NATO-Beitritt des Landes und das Streben nach einem EU-Beitritt? Warum ist es nicht gelungen, die nach wie vor vorhandenen, massiven Demokratie-Defizite zu beseitigen? Zeitungen wie der sozialistisch orientierten »Shqip« gebührt das Verdienst, die Perspektive im Jahr 2009 nicht nur nach innen, sondern auf ganz Europa gelenkt zu haben. So erschienen in dieser Zeitung doppelseitige Themenschwerpunkte, die die Revolutionen in anderen Ländern des östlichen Europas zeigten. Zugleich wurde auch auf die Rolle der westeuropäischen Länder etwa beim Fall der Berliner Mauer hingewiesen.

Gerade der Mauerfall wurde in albanischen Medien zum großen Symbol erhoben. Während nationalistische Medien zum Einreißen der fiktiven Mauer zwischen den Albanern im Kernland und denen in Mazedonien und Kosovo aufriefen, beschworen andere Zeitungen eine Mauer zwischen der EU und Albanien herauf: eine Situation, die als Fortsetzung der Isolation des Landes zu kommunistischen Zeiten, nur unter neuen Vorzeichen, gesehen wurde. Zu dieser Isolation zählten die Journalisten auch den Ausschluss Albaniens von der Visa-Liberalisierung auf dem Balkan 2009, von der nur die Nachbarländer Mazedonien, Montenegro und Serbien profitierten. Albaner prägten daher den Begriff der »Schengen-Mauer«, die die »Festung Europa« schütze.

Der Fall der Berliner Mauer hat als beispielhafter Vorgang einen festen Platz im kollektiven Gedächtnis der Albaner im Ostblock gefunden. In den 2009 geführten Diskussionen stellte sich immer deutlicher die besondere Rolle Deutschlands für die albanische Wende heraus, insbesondere die kuriose Verbindung von Sport und Politik: Auf den Straßen der mittelalbanischen Kleinstadt Kavaja kam es im März und Juli 1990 besonders nach Freudenkundgebungen für die deutsche Fußball-Nationalmannschaft während der Weltmeisterschaft zu Protesten gegen das Regime. Parolen wie »Liri! Liri! Demokraci! Rrofte Gjermania!« (Freiheit! Freiheit! Demokratie! Lang lebe Deutschland!«) hallten durch die Straßen. Auch der deutsche Botschafter war im Januar 1990 im nordalbanischen Shkodra in Proteste involviert. »Worauf wartet ihr noch?«, soll er nach Erinnerungen der damals Protestierenden gefragt haben, als eine für den 11. Januar angekündigte Demonstration nicht stattfinden durfte.

Die deutsche Botschaft in Tirana reagierte 2009 auf das gesteigerte Interesse der Albaner an der deutschen und der europäischen Geschichte mit einer Vielzahl kultureller Aktivitäten. Der »Deutsche Oktober« richtete sich mit vielen Veranstaltungen an Kinder und Jugendliche, die in der Nach-Wendezeit aufgewachsen sind und weder das Regime noch die Revolution miterlebt haben. Das Jugendtheaterstück »Mauerkinder« vereinte deutsche und albanische Jugendliche zu einem gemeinsamen Projekt. Filme wie »Goodbye Lenin«, »Sonnenallee« und »Nikolaikirche« wurden im Rahmen des »Oktobers« erstmals in Albanien gezeigt. In der Ausstellung »Ortzeit« des Grafik-Designers Stephan Koppelkamm waren Fotografien aus der unmittelbaren Nachwendezeit und Bilder jüngeren Datums zu sehen, die die gewaltigen baulichen Veränderungen im Osten Deutschlands dokumentieren. Die seit 1999 in Albanien lebende Fotografin Jutta Benzenberg zeigte in ihrer Retrospektive »18 Jahre Albanien« im Oktober 2009 bedrückende Schwarz-Weiß-Fotografien aus Albanien unmittelbar nach dem Fall des Eisernen Vorhangs. Das künstlerische Großereignis des Jahres zum Thema Wende bildete die Schau »Feedback 1989« im einstigen Staatshotel »Dajti« in Tirana.

Dekadenz im Hotel: Das Kunstevent »Feedback 1989«

Einen besseren Ort für die künstlerische Aufarbeitung der jüngsten Geschichte hätte man kaum wählen können: Das Hotel »Dajti« im Zentrum von Tirana ist ein monumentaler Bau aus der italienischen Besatzungszeit und diente dem Hoxha-Regime als Hotel für Staatsgäste. Seit Jahren steht es leer. 2009 bildete es mit seiner dekadenten Atmosphäre eine ideale Projektionsfläche für 21 Künstler, die aus rumänischer, serbischer, bulgarischer, albanischer und deutscher Sicht die Wende reflektierten.

An den vergilbten Mauern hat Nikolin Bujari Propaganda-Sprüche wie »Sieg dem Marxismus-Leninismus«, »Albanien ist eine steinerne Festung« oder »Albanien in die NATO« eingraviert. Das wahrscheinlich eindrucksvollste Video der Schau, »Living in Memory«, stammt von Armando Lulaj: Ein fünfzackiger Stern des Sozialismus verbrennt in fünf Minuten und stürzt in sich zusammen. Eine riesige Mauer aus gepackten Koffern – ein drei mal fünf Meter großes Ölgemälde im Eingangsfoyer – erregt die Aufmerksamkeit. Barbiepuppe und Ölradiatoren sind in der Schau Ikonen für die sich mit dem Umsturz öffnende Konsumwelt, für den Übergang von der Mangelgesellschaft zur kapitalistischen Reizüberflutung.

> Das von Adela Demetja und Julie August betreute Kunstprojekt wurde gleich zu Beginn von vielen Schulklassen besucht. Dass die Wende in Albanien überhaupt stattfand, kann man den Kuratorinnen zufolge außerhalb des Landes nur in einem italienischen und einem polnischen Schulbuch nachlesen.

Am Abend des Mauerfall-Jubiläums, dem 9. November, diskutierten im staatlichen Fernsehkanal (TVSh) Historiker, der albanische Ex-Botschafter in Berlin und der deutsche Botschafter in Tirana kontrovers über die Wende. Dabei wurde deutlich, wie überraschend der Mauerfall besonders für die albanische Politik kam. Der deutsche Botschafter hob hervor, dass mit der Wende Deutschland nicht nur ein historisches Erbe zugefallen sei, sondern auch die Aufgabe, Freiheit und Geschichtsbewusstsein zu stärken. Im privaten Fernsehkanal Klan wurde eine Sondersendung ausgestrahlt, in Ora-News zeigte man Fotos vom Mauerfall mit euphorischen Menschen, untermalt vom Scorpions-Song »Wind of Change«. Neue Fakten und Dokumente über die revolutionären »Dezember-Bewegungen« in Tirana legte der Journalist Blendi Fevsiu in der Sendung »Opinion« im Kanal Klan vor.

Schon seit längerem widmete sich der Schriftsteller Fatos Kongoli den widersprüchlichen und grausamen Aspekten der kommunistischen Gewaltherrschaft. In seinen jüngsten Romanen und Erzählungen entwickelte er eine expressionistische Rückschau auf die stalinistische Diktatur Hoxhas und ihren Fall. Kongoli ist der Auffassung, dass sich das allmächtige Herrschafts- und Überwachungssystem menschliche Urängste zunutze machte, um das Weltbild und die Moralvorstellungen der einfachen Menschen grundlegend zu wandeln. Diese Strategie hatte verheerende psychologische Auswirkungen auf das Eigenbild und die Moral der Albaner: eine Wunde, die in absehbarer Zeit nicht verheilt.

Der tragikomische Roman »Der Tod Enver Hoxhas« von Pëllumb Kulla sorgte seit seiner Erscheinung in Tirana im November 2008 für Aufsehen. In ihm beschreibt Kulla mit zynischem Unterton, wie ein politischer Gefangener den Tod des Diktators 1985 erlebt. Immer wieder warnte auch Fatos Lubonja, der den Opfern des Regimes mit seinem erschütternden Tagebuch »Second Sentence – Inside the Albanian Gulag« ein Denkmal gesetzt hat, vor dem Vergessen der Leiden im Kommunismus, denn so schaffe man »eine Gesellschaft aus Monstern«.

Die dunklen Kapitel der kommunistischen Herrschaft wurden im Jubiläumsjahr ihres Falls sehr wenig thematisiert. Neben den beiden Großdemonstrationen des Präsidenten und seines Widersachers, die ohnehin nur tagespolitischen Charakter hatten, wurden im ganzen Land nur wenige Gedenkveranstaltungen durchgeführt. Bereits am 20./21. September 2008 wurde im Dorf Mursia (Südalbanien) ein Denkmal mit den Namen der in Gefängnissen getöteten oder von der Geheimpolizei »Sigurimi« an der Grenze zu Griechenland erschossenen Opfern des Hoxha-Regimes enthüllt. Am 26. Februar 2009 fand an der Kathedrale von Shkodra eine Gedenkzeremonie für die während des Regimes getöteten Geistlichen aller Religionen statt. Die Veranstaltung wurde von einer Ausstellung begleitet, die Filmdokumente, Fotos und Manuskripte über das Leiden katholischer und muslimischer Geistlicher zeigte.

Einen gänzlich anderen Grundton hatten albanische Filme, die sich ironisch mit den Wende-Ereignissen auseinander setzten. Die Tragikomödie »Ne dhe Lenin« (Wir und Lenin) des Regisseurs Saimir Kumbaro, die in albanisch-französisch-mazedonischer Koproduktion entstand, behandelt den fortdauernden Personenkult nach der Wende. Der 2008 erschienene Film »Trishtimi e Zonjes Shnajder« (Die Traurigkeit der Frau Schneider) von Piro Milkani ist laut Abspann »den Menschen ohne Freiheit« gewidmet. Auf subtile Weise beschreibt er, wie sich ein albanischer Filmstudent in der ČSSR ein neues Leben aufbaut, ehe er auf Anordnung des Regimes nach Albanien zurückkehren muss. Erst nach der Wende ist es ihm möglich, in seine Wahlheimat zurückzukehren. Der Altmeister Gjergj Xhuvani stellte Anfang November 2009 seinen neuen Film »Ost, West, Ost« vor, der die Endphase der kommunistischen Diktatur in Albanien beschreibt.

Der Höhepunkt der Feierlichkeiten zur albanischen Wende 2010 und 2011 steht noch bevor. Denn erst im Sommer 1990 setzte die Flucht von mehr als 5000 Menschen aus den Botschaften ein, gefolgt von den Studentenprotesten und der Gründung der Demokratischen Partei am 12. Oktober 1990. Erst im März 1991 fanden in Albanien die ersten freien Wahlen statt. Auch wenn diese großen Jubiläen noch bevorstehen, hat das Gedenkjahr 1989–2009 bereits wichtige Denkanstöße für die Aufarbeitung der jüngsten albanischen Geschichte gegeben. Obwohl die »Wende-Aura« politisch stark vereinnahmt wurde, zeigte die Bevölkerung ein weit reichendes Interesse an den Jubiläumsveranstaltungen und Debatten. Über die Endphase des Regimes und die selbst so empfundene Sonderrolle Albaniens bei den Ereignissen im östlichen Europa wurde ausführlich diskutiert.

Dies deutet darauf hin, dass das lange isolierte Albanien heute zu einer reichen und differenzierten Erinnerungs- und Diskussionskultur findet. Dazu müsste allerdings bei den nun folgenden Jubiläen die Instrumentalisierung des Wende-Gedenkens durch die heutige politische Führungselite thematisiert werden. Fatos Lubonjas Forderung nach einer schmerzhaften, aber ehrlichen gesellschaftlichen Auseinandersetzung über Opfer- und Täterschaft sollte endlich Gehör finden. Denn nur so ist eine Aussöhnung der noch immer im Schatten der Vergangenheit stehenden albanischen Gesellschaft möglich.

»Wir wollten die Welt sehen«
Interview mit Alfred Cako (46)

Alfred Cako wurde am 27. Januar 1964 in Korça geboren. Er studierte Wirtschaftswissenschaften an der Nebraska University in Tirana. Als Student nahm er 1991 aktiv an den Demonstrationen gegen das Regime teil. Von 2006 bis 2008 war er Parlamentsabgeordneter der »Partei der Nationalen Front«. Er arbeitet als Leiter eines Unternehmens zur Eintreibung von Steuerschulden.

Sie stammen aus einer einst verfolgten Familie. Aus welchen Gründen verfolgte man Ihre Verwandten?

Der Onkel meines Vaters, Mete Kodrasi Cako, war ein Straßenbauingenieur, der nach seinen Studien in den USA aus rein patriotischen Beweggründen nach Albanien zurückkehrte. Er wurde gleich zu Beginn von den Schergen des Regimes exekutiert: ohne Gerichtsprozess. Bis heute wissen wir nicht, wo er begraben ist. Mein Großvater mütterlicherseits wurde zweimal zu Gefängnisstrafen verurteilt und saß insgesamt 17 Jahre hinter Gittern. Die Anklage in beiden Fällen lautete »Antikommunismus« und »Nationalismus für ein Großalbanien«, womit man eine faschistische Grundhaltung unterstellte.

Was waren Ihrer Meinung nach die Schlüsselmomente, die zum Fall des Regimes führten?

Ohne Frage die diplomatischen Beziehungen, die sich mit Deutschland zur damaligen Zeit entwickelten. Ihnen voraus gingen Bemühungen, Albanien zu öffnen und ausländische Botschaften zuzulassen. Beispielsweise gab es seit 1981 eine griechische Botschaft in Tirana. Natürlich stellten der Fall der Berliner Mauer und der Tod des rumänischen Staatschefs Ceauşescu wichtige mentale Einschnitte dar. In Albanien gab es daraufhin den Versuch, in Shkodra die Stalinbüste zu stürzen, und es gab die Volksbewegung in Kavaja. Dann den Sturm auf die Botschaften in Tirana, durch den Tausende von Albanern versuchten, das isolierte Land zu verlassen. Ganz am Schluss dieser Kette von Ereignissen stand 1991 der Studentenstreik in Tirana.

Was hatten die Studenten für eine Motivation, auf die Straße zu gehen?

Die ökonomische Krise war der Hauptgrund. Ich glaube nicht, dass die Menschen aus politischen Gründen protestierten, denn wir hatten sehr wenig Wissen über alternative Methoden des Regierens. Nein, die extreme Armut war der Grund. Man stand in langen Schlangen vor Geschäften an, nur um ein Kilogramm Fleisch zu bekommen. Hinzu kam, dass immer mehr Menschen begannen, ausländische Medien zu hören. Wenn man die Nachrichten, die uns aus Europa oder selbst aus dem Rest-Balkan erreichten, mit der albanischen Wirklichkeit verglich, kam man sich vor wie in einem Käfig. Die Lebenswirklichkeiten, wie man sie in Italien, Deutschland oder den USA vermutete, begannen bald, den Diskurs in der albanischen Gesellschaft zu beherrschen.

Sie waren aktiver Teilnehmer bei den Studentenbewegungen. Wie lief der Protest ab?

Zwischen 1989 und 1994 war ich Student. Das ganze Land stand wirtschaftlich vor dem Kollaps. In der Studentenstadt fehlte es seit längerer Zeit an Strom und Wasser, aber auch an Essen und Kleidung. Die Bedingungen waren unerträglich geworden. Im September 1991 gingen wir einfach raus und protestierten spontan in kleinen Gruppen. Wir sangen italienische Schlager und setzten Reinigungsbesen in Brand. Einige von uns wurden verhaftet, aber bald wieder freigelassen, und das hieß, dass sich wirklich etwas fundamental geändert hatte.

Im Dezember gab es wieder keinen Strom. Es war kalt und die Heizungen fielen aus. Trinkwasser gab es nicht. Zwischen dem 6. und 8. Dezember begann der Unmut öffentlich zu werden. Von allen Balkonen riefen die Studenten Schmähsprüche gegen das Politbüro. Am Anfang dieser Aktionen gab es weder eine Organisation noch einen Plan oder eine Richtung. Wir wollten einfach nur unsere Lebensbedingungen erträglicher machen.

Wir wollten, dass sich unser Land öffnete, zu diesen Ländern, die wir nur aus dem Fernsehen kannten, wir wollten die Welt sehen. Wir hatten alle die gleichen Sachen an, aber wir wollten uns unterschiedlich kleiden. Wir wollten westliche Kleidung, lange Haare, ausländische Musik.

Wie reagierte die Staats- und Parteiführung?

Am 9. Dezember kam Premierminister Adil Çarçani zu uns. Er versprach uns, die Lage zu verbessern. Nachts fiel wieder der Strom aus und die Straßen füllten sich mit Studenten. Innerhalb einer Stunde versammelten sich dort 300 Menschen. Einfache Menschen aus Tirana stießen zu uns, um uns zu unterstützen. Später erfuhren wir, dass einige Studentinnen in der Nachbarschaft geklopft hatten, um diese für die Proteste zu gewinnen. Sie hatten Angst, dass auf uns geschossen würde. Skënder Gjinushi, der damalige Erziehungsminister, kam, um uns zu treffen. Nachdem er sich unsere Forderungen angehört hatte, sagte er mit halblauter Stimme: »Ihr solltet politischen Wandel fordern, nicht ökonomischen Wandel«.

Gab es Versuche von Seiten des Politbüros, die Proteste zu kanalisieren und zu instrumentalisieren?

Staatschef Ramiz Alia reagierte sehr diplomatisch. Er brauchte diese Bewegung, aber er wollte sie auch unter Kontrolle behalten. Ich würde sagen: Er schützte diesen Aufstand. Schon 1989 begann Ramiz Alia, seine Politik zu liberalisieren. Er war sich dessen sehr bewusst, dass die Partei zwischen sich und dem Volk ein Vakuum geschaffen hatte und dass das Volk die Partei hasste.

Welche Bedeutung hat die Studentenbewegung für das heutige Albanien?

Es gibt wenige Aktivisten von damals, die sich heute in der Politik engagieren. Ich persönlich denke, dass die Studenten am politischen Prozess vor allem durch ihren Anführer Azem Hajdari beteiligt waren, der 1998 ermordet wurde.

Glaubten Sie 1991, dass Sie die Zukunft Albaniens mitbestimmen können?

Nein. Ich glaubte nicht daran, dass sich die Dinge ändern würden. Ich hatte Angst davor, dass wir verraten werden oder dass man uns isolieren könnte oder dass uns jemand in den Rücken schießen könnte. Ich hatte Angst davor, dass ein Massaker wie in anderen Ländern passieren könnte.

»Wir müssen unsere eigene Wahl treffen«

Interview mit Xhodi Hysa (22)

Xhodi Hysa wurde 1988 in Tirana geboren. Er studiert Wirtschaftswissenschaften an der Universität Tirana.

Ihre Familie wurde vom kommunistischen Regime verfolgt. Wissen Sie, warum?

Das Regime strebte nach 1945 danach, jede Art von Widerstand auszuschalten. Mein Urgroßvater Tefik Hysa war ein Richter zur Zeit des Königs Zogu (1928–1939). Mein Großvater war Student an einer italienischen Militärakademie. Beide engagierten sich während des nationalen Befreiungskampfes im 2. Weltkrieg, waren aber keine Kommunisten. Deshalb wurden sie vom kommunistischen Staat als Feinde eingesperrt, als der Krieg vorüber war.

Fühlen Sie sich selbst direkt oder indirekt von der Verfolgung Ihrer Familie beeinflusst?

Ja und nein. Emotional fühle ich mich sehr betroffen vom Leiden meiner Eltern. Aber ich glaube an die Demokratie. Und ich denke, die Grundlage für die Bewegung der frühen 1990er Jahre war für alle von uns die gleiche, egal ob man aus einer verfolgten Familie stammte oder aus einer Familie, die mit dem Regime zusammenarbeitete. Die Demokratie gab uns das Recht, gleich zu sein. Ich fühle mich sehr wohl damit, dass die einst verfolgten Familien in Albanien heute nicht ihre früheren Peiniger anspucken. Sie nehmen keine Rache, obwohl ihre Leiden unermesslich waren.

Aber es gibt ein moralisches Problem, das von einer fehlenden Erinnerung der Gesellschaft an das Regime herrührt. Die Art und Weise, wie wir Albaner uns an dieses ein halbes Jahrhundert dauernde Regime erinnern, ist nicht kritisch, sondern gleichgültig oder klagend. Menschen, die für die Verfolgung verantwortlich waren, haben kein Schuldbewusstsein entwickelt.

Was bedeutet dies für Ihr persönliches Leben?

Meine Entscheidungen fälle ich in der Gegenwart unabhängig von der Vergangenheit. Die Kinder sollten nicht mit dem Erbe ihrer Eltern belastet werden. Ich hoffe auf eine offene Gesellschaft, eine Gesellschaft, die vergeben kann, aber auch auf eine Gesellschaft, die nach moralischen Überlegungen ihre Schuld eingesteht und akzeptiert. Das ist eine selbstkritische Gesellschaft.

Welche Meinung hat Ihre Familie dazu?

Wir gehören zu unterschiedlichen Generationen und es ist klar, dass man da nicht immer einer Meinung ist. Meine Familie ist sehr froh, dass ich als Angehöriger der dritten Generation endlich wieder eine Universität besuchen darf. Sie idealisiert die universitäre Bildung. Aber sie versteht auch, dass meine Motivation für das Studium heute eine andere ist. Ich studiere, um persönlich erfolgreich zu sein und eine gute Position in der Gesellschaft zu erreichen. Unsere Meinung über die Diktatur ist die gleiche, aber wie wir uns die Zukunft vorstellen, das ist vollkommen verschieden.

Glauben Sie, dass das Regime noch einen Einfluss auf die junge Demokratie in Albanien hat?

Ja, ganz sicher. Der »neue Mensch«, nach dessen Schaffung das Regime strebte, wirft auch heute noch seine Schatten auf die Gesellschaft. Für uns ist es immer noch schwierig, das »Andere« zu akzeptieren, die Vielfalt der Alternativen auszuleben oder an etwas anderes zu denken als an einen idealisierten politischen Führer. Manchmal denke ich, dass der Fall der Berliner Mauer nur ein symbolisches Ereignis war, dass es aber noch lange dauern wird, die mentalen, gesellschaftlichen und ökonomischen Defizite aufzuarbeiten, die der Kommunismus hinterlassen hat.

Wie würden Sie die albanische Gesellschaft ändern?

Das ist gleichzeitig sehr einfach und sehr schwierig: mit Weisheit. Wir müssen eine Menge lesen, speziell meine Generation. Und wir müssen unsere eigene Wahl treffen, welchen Weg wir gehen wollen, um eine Demokratie zu schaffen und von dieser Oberflächlichkeit wegzukommen. Das gestrige Albanien strebte in der Interpretation der Machthaber danach, in bester Weise die Prinzipien des Marxismus-Leninismus zu verkörpern. Heute strebt das Land in der Interpretation seiner oberflächlichen Politiker nach einer Integration in die Europäische Union. Aber weil uns das Wissen und die Freiheit mündiger Bürger fehlen, vergessen wir, dass die EU nicht nur ein Label oder eine ökonomische Einheit ist. Eine Integration ist nur möglich, wenn Weisheit anstelle von Pragmatismus und Opportunismus in der albanischen Gesellschaft dominiert und Achtung über Ausgrenzung gestellt wird. Wir müssen unbedingt ein individuelles Bewusstsein entwickeln, anstatt blindlings blinden Politikern zu folgen.

BULGARIEN

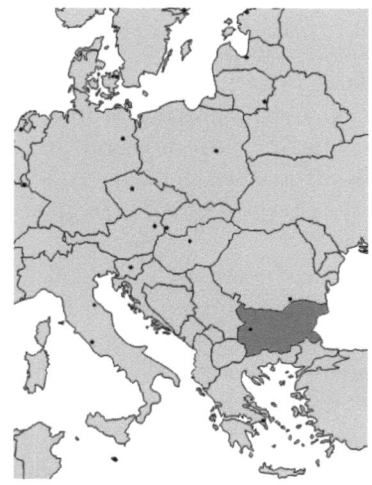

Kein Grund zum Feiern

Von Diljana Lambreva

Im Unterschied zur DDR kam es in Bulgarien im Herbst 1989 zu keiner revolutionären Bewegung. Man erstickte beinahe an der Unfreiheit und litt unter den widrigen materiellen Lebensbedingungen. Man hörte BBC und Deutsche Welle, erzählte Witze gegen das Regime – dabei blieb es. Das hatte politisch-historische Gründe: Die erforderlichen Voraussetzungen wie eine oppositionelle Bewegung, Dissidenten und Institutionen, die sich durch eine gewisse Unabhängigkeit auszeichneten, wie zum Beispiel die evangelische Kirche in der DDR, waren in Bulgarien während des kommunistischen Regimes systematisch beseitigt worden. Zur Zeit der politischen Wende waren in Bulgarien die demokratischen Vorerfahrungen nicht nur wegen der langen Zeit des Sozialismus gering, sondern auch wegen der Zeit vor dem Zweiten Weltkrieg, als Kriege und ständige Regierungswechsel große politische Instabilität verursacht hatten.

Die Vernichtung der Regimegegner

Zeitgleich mit dem Einmarsch der sowjetischen Truppen in Bulgarien im September 1944 wurden unter bulgarischem Kommando 30.000 Menschen ermordet. Der Massenterror der Kommunisten vollzog sich in mehreren Wellen und hatte die Ausblutung der alten Eliten und die totale Machtergreifung der Kommunisten zur Folge. Von Dezember 1944 bis April 1945 hatten die berüchtigten »Volksgerichte« in 11.122 Fällen Willkür-Urteile verhängt: 2.730 Menschen wurden zum Tode verurteilt, darunter Zaristen, Minister und Abgeordnete. Schon 1944 wurden von den Kommunisten Arbeitslager eingerichtet. Über 250.000 Menschen sind durch diese Lager gegangen. Es gibt keine sicheren Daten über die Zahl der Opfer.

Widerstand leistete zunächst die Partisanenbewegung »Gorjani«. Auch die Bauern weigerten sich, der Zwangskollektivierung zu folgen. Die konsequente und harte Linie der Kommunisten gegenüber Systemgegnern führte dazu, dass sich mit den Jahren der Widerstand abschwächte und die oppositionellen Elemente in Bulgarien an Bedeutung verloren.

Auch die bulgarische Intelligenz unterlag einer totalen Kontrolle. Beim kleinsten Anzeichen einer Abweichung von der offiziellen Parteilinie kam man auf die Liste der mutmaßlichen Regimegegner und bekam die unberechenbare Brutalität des Systems zu spüren. Die bulgarische Kirche geriet ebenfalls unter den Hammer des Totalitarismus. In der Zeit von 1944 bis 2006 wurden jüngsten Forschungen zufolge insgesamt 200 christliche Geistliche ermordet.

Die Träger einer politischen Kultur, die für umwälzende Veränderungen erforderlich sind, waren also nach 40 Jahren Diktatur absolut marginalisiert. Eine Ausnahme bildete lediglich die Grünenbewegung in den späten 1980er Jahren mit ihren Protesten gegen die von Rumänien verursachte Luftverschmutzung in Russe und gegen die erzwungene Bulgarisierung der Türken. Trotzdem breitete sich Ende 1989, Anfang 1990 die exaltierte Stimmung der Umwälzungen im ehemaligen Ostblock auch in Bulgarien rasend schnell aus, dass es bald so schien, als ob kein Mensch in Bulgarien dem gegenüber gleichgültig wäre. Das aus dieser Stimmung entstehende politische System wurde jedoch den großen Hoffnungen von damals nicht gerecht: Eingeschränkte Herrschaft der Gesetze, großer Einfluss von Privat- und Gruppeninteressen, Vorherrschaft informeller Netze, Korruption, starkes soziales Gefälle und durch Kriminalität entstandene Parallelgesellschaften – all diese Faktoren wurden kennzeichnend für die defekte Demokratie der Transformationszeit in Bulgarien. Sie waren Produkt politischen Handelns einerseits und der politischen Kultur der

Gesellschaft andererseits, und manifestierten sich während dieser Zeit, basierten aber auf dem System des Totalitarismus.

Im Jahr 2009, 20 Jahre nach dem Zusammenbruch des Kommunismus, bestand deshalb kein besonderer Grund zu Feierlichkeiten in Bulgarien. Gerade die Menschen, die die Plätze und Straßen von Sofia im Sommer 1990 durch ihren Enthusiasmus in Blau, der Parteifarbe der reformatorischen Union der demokratischen Kräfte (UDK), elektrisierten und einen abrupten Bruch mit der Vergangenheit einforderten, fühlten sich 20 Jahre später betrogen. All die Jahre nämlich hatten sie der einen oder der anderen Partei vertraut und sie gewählt. Doch alle, die an die Macht kamen, haben sich ausnahmslos wegen Misswirtschaft und Korruption selbst in Misskredit gebracht. Das führte dazu, dass die ganze Gesellschaft von Reformmüdigkeit ergriffen wurde. Der Jahrestag der Revolution fiel außerdem mit einer Wirtschaftskrise weltweiten Ausmaßes und damit mit der Angst um Arbeitsplätze und der Sorge über hohe Fixkosten im privaten Haushalt zusammen. Angesichts der defizitären Aufarbeitung der Vergangenheit fehlte auch der gesellschaftliche Konsens über die Wichtigkeit des Jahrestages.

Da es nun selbst »ohne Grund« zum Feiern war, verfolgte Bulgarien die anderen Länder des östlichen Europas und die dort stattfindenden Festlichkeiten. Berlin, Warschau und Prag bewältigten die Vergangenheit viel besser und auch die Demokratisierung der Gesellschaft sei dort weiter fortgeschritten, lautete der Grundtenor in den Qualitätsmedien wie etwa Kapital, Dnevnik und mediapool.bg. Die oppositionelle Kultur vor und während der Revolutionen als Voraussetzung für die Demokratisierung und der direktere Einfluss liberaler westlicher Staaten hätten dort zu stärker gewandelten Gesellschaften geführt.

In Bulgarien war das Jubiläum immerhin Anlass für eine ausführliche Retrospektive, die aus einem gesamteuropäischen Kontext abgeleitet wurde und in eine engagierte Debatte um die Fehler des Übergangs mündete. Vor allem ist dabei das Projekt »Erinnerungsorte« der Stiftung »Nova kultura« hervorzuheben, mit dem die Debatte über die Wendezeit unter Jugendlichen angeregt werden sollte. »Wissen wir genau, was 1989 passierte?«, lautete die Frage, mit der Schüler mehr über die Wendegeschichte an ihrem Ort herausfinden sollten. Erklärtes Ziel war es außerdem, auf diese Weise das Schweigen über die sozialistische Vergangenheit in den Familien zu brechen. Das Projekt fand in vier Städten in Nordwestbulgarien statt, wo der Umsturz den Organisatoren zufolge eher als Schock erlebt wurde.

Dass es immer noch ein Schweigen zwischen der Generation derer, die den Kommunismus erlebt haben, und der »Generation 1989« gibt, zeigte sich am 5. August 2009, elf Jahre nach dem Tod des ehemaligen kommunistischen Staatschefs Todor Živkov: An die Bäume um den Gipfel Busludja, einen Kultort für alte Kommunisten, wurden Todesanzeigen geklebt und ältere Damen standen gerührt im Gedenken vor ihnen.

Für den jüngeren und aktiven Teil der Bulgaren jedoch bleibt die Zeit vor 1989 vergraben. Nur wenige Medien förderten das Interesse daran, und es blieb auch im 20. Jahr danach nur einer kleinen Gruppe von Künstlern wie Angela Minkova, Bogidar Bontschev, Stoil Stojanov, Journalisten wie etwa Ivan Grujkin, Ivan Bedrov, Daniela Gortscheva, Toni Nikolov und progressiven Politikern der rechtsliberalen Parteien UDK und DSB überlassen, sich damit auseinanderzusetzen.

Die Kulturinstitute und die ausländischen Botschaften betrieben dagegen eine recht aktive Erinnerungskultur: Im ersten Quartal des Jahres 2009 organisierte die französische Botschaft ein Kolloqium zum Gedenken an den Besuch des damaligen französischen Präsidenten François Mitterrand am 18. und 19. Januar 1989 in Bulgarien. In der französischen Botschaft hatte Mitterrand vor 20 Jahren bulgarische Intellektuelle und Dissidenten zu einem freien Dialog getroffen. Bei der Konferenz sprachen französische Historiker und politische Akteure von damals über die Rolle Bulgariens 1989 im Ostblock.

Das Goethe-Institut, das Polnische Institut, das Tschechische und das Ungarische Kulturzentrum organisierten zusammen mit der Akademischen Liga Südosteuropas in Sofia ein »Minifestival« mit dem Titel »Jenseits von Hass, jenseits von Nostalgie«. Ziel der Veranstaltung (Ausstellungen, Filme, Diskussionen) war es, die Erfahrungen der beteiligten exkommunistischen Länder zu vernetzen, den Stand der wissenschaftlichen und künstlerischen Auseinandersetzung mit der sozialistischen Vergangenheit zu vergleichen und neue Positionen jenseits der zwei üblichen Reaktionsschemata in den exkommunistischen Ländern zu finden: der Verteufelung des Kommunismus oder der Sehnsucht nach alten Zeiten.

Der verfehlte Übergang von der Plan- zur Marktwirtschaft, der im Mittelpunkt der Debatten anlässlich des 20. Jahrestages stand, regte zu Fragen über die Art und Weise, wie die Transformation erfolgte, an. Obwohl die Vielfalt der Waren und Dienstleistungen als eine unumstrittene Errungenschaft der Wende gilt, bringt der niedrige Lebensstandard heute die Menschen zu der Überzeugung, dass sie aus wirtschaftlicher Sicht früher besser gelebt hätten. Die Erwartung, dass nach dem Kollaps der Planwirtschaft in einer Marktwirtschaft alle die gleichen Chancen auf Beteiligung und freie Konkurrenz genießen würden, mündete nämlich mit den Jahren in große Ernüchterung.

Und als in den Sommermonaten des Jahres 2009 die Kommission für die Offenlegung der Geheimdienstakten die Namen der Bankiers, die dem totalitären Regime gedient hatten, veröffentlichte, wurde ein Verdacht, der schon lange in der Öffentlichkeit schwebte, bestätigt: Da Lustration in Bulgarien nicht vollzogen wurde, war der Sturz von Todor Živkov am 10. November 1989 ein rein formeller Vorgang, denn das neue Finanzsystem blieb in den Händen seiner Leute. Was in den vergangenen beiden Jahrzehnten erfolgt ist, war keine erfolgreiche Transformation von kommunistischen Eliten in demokratische, sondern von politischen Eliten in wirtschaftliche. Sie erschienen nun als Vermittler und Bewahrer der alten Muster der politischen und sozialen Kultur des Kommunismus und sorgten dafür, dass bei den politischen Verfahren und Entscheidungsregeln weiterhin das Informelle dominierte.

Der Sturz von Todor Živkov

Die Vorbereitung und Durchführung des Wendepunkts vom 10. November 1989 ist im Grunde eine »bulgarische innerparteiliche und innenpolitische Leistung, selbstverständlich unter den jeweiligen Bedingungen mit der Einwilligung und der Unterstützung von Moskau.« – So schätzte es schon 2004 Aleksandăr Lilov, früheres ZK-Mitglied und Vorsitzender der Bulgarischen Sozialistischen Partei nach der Wende, ein. So kam es zum bulgarischen Herbst 1989, dem zaghafte Proteste im Sommer vorangegangen waren: Im Rahmen der systematischen Assimilierungsbestrebungen der BKP wurden über 220.000 Bulgaren der türkischen Minderheit ausgewiesen. Dies führte zum Abbruch der diplomatischen Beziehungen zwischen Sofia und Ankara. Aufgrund seiner menschenrechtsverletzenden Politik drohte Bulgarien internationale Isolation. Zur selben Zeit kam es zu Protesten der Bürgerbewegung im Land. Im Herbst nutzten schließlich die reformorientierten Kräfte innerhalb der Parteielite – von Glasnost und Perestrojka beflügelt – die Gunst der Stunde, um den

> sich seit 1971 an die Macht klammernden Staatsratsvorsitzenden Todor Živkov zu stürzen. Die Freiheitsproteste brauchte man deswegen nicht mit Gewalt aufzulösen. Alle wichtigen Schritte in dieser entscheidenden Zeit wurden dennoch zuvor mit dem »großen Bruder« abgestimmt.
>
> Am 15. Januar 1990 strich die BKP ihre führende Rolle aus der Verfassung, so dass am 16. Januar die Gespräche am Runden Tisch mit oppositionellen Gruppen über Wahlen zur Nationalversammlung beginnen konnten. Die im Juni 1990 gewählte Nationalversammlung scheiterte jedoch schnell an den wirren Parteibildungsprozessen und der unklaren Kompetenzverteilung zwischen den Institutionen. Es bestand der Verdacht auf Manipulation der Wahlen, so dass ein Jahr später eine neue Verfassung verabschiedet und Neuwahlen ausgeschrieben wurden. Innerparteiliche Amtswechsel und Wiedergutmachungen für früher ausgeschlossene Parteimitglieder begleiteten den Beginn des Demokratisierungsprozesses in Bulgarien.

Auf die trüben Zeiten der frühen 90er Jahre ist auch die Genesis der organisierten Kriminalität zurückzuführen – ein besonders wichtiges Thema für die heutige bulgarische Gesellschaft. Die Mitarbeiter der Geheimdienste in der Symbiose mit Altkommunisten und neuen Wirtschafts- und Finanzmagnaten und Neukriminellen generierten schließlich neue kriminelle Netzwerke in Bulgarien, um illegalen Geschäften nachzugehen. Während des Jugoslawien-Embargos erlebten diese ihre Blütezeit und nahmen an wirtschaftlich-politischem Einfluss zu.

Ein anderes sehr wichtiges Anliegen der Demonstranten von 1989/1990 – die Gerechtigkeit, die durch die neue Gesellschaftsordnung und vor allem mit den Instrumenten der Rechtsstaatlichkeit hätte gewährleistet werden sollen – wurde im postkommunistischen Bulgarien ebenfalls nicht erreicht. Die Demonstranten hatten eine Loslösung von der Vorherrschaft der Nomenklatura erwartet, die jahrzehntelang mit dem Geld des Volkes durch Intransparenz und Vetternwirtschaft illegale Deals abgewickelt hatte. Doch in Bezug auf die Strafverfolgung wurden nur vage Versuche unternommen. So wurden etwa gegen den sozialistischen Staats- und Parteichef Todor Živkov zwar fünf Verfahren eingeleitet, sie endeten aber nur mit einem Urteil. Die einzige Strafe, die vor seinem Tod 1998 vollzogen wurde, blieb Hausarrest. Auch zu einer Wiedergutmachung ist es nicht gekommen. Eine Polarisierungsstrategie in den frühen 1990ern führte zu einer Spaltung der Gesellschaft, durch welche die für die gemeinsame Aufarbeitung der Vergangenheit erforderliche Integration unmöglich wurde.

Es wurden zwei Rhetoriken kultiviert, schreibt Michael Meznik in seinem Aufsatz »Die geschichtspolitische Auseinandersetzung im Postsozialismus am Beispiel Bulgariens« (in: Dieter Segert (Hg.), Postsozialismus, Wien: Braumüller 2007, S. 97): die Rhetorik der Verurteilung und die Rhetorik der geleugneten Schuld. Das Denkmodell pro und contra Kommunismus war sehr der Umbruchstimmung der Zeit verhaftet und hatte einen ultimativen Charakter, der sich schließlich negativ auf die kollektive Rückbesinnung auswirkte. Es gab relativ wenige Menschen, die eindeutig als Opfer bezeichnet werden konnten. Ebenso gab es wenige, die der Parteiobrigkeit angehörten. Die Chance, die Menschen für die Relevanz der Problematik zu sensibilisieren und zu aktivieren, haben die demokratischen Kräfte durch ihre hetzerische Antikommunismus-Rhetorik verpasst.

Indes haben die Repräsentanten des alten Regimes die Spaltung geschickt genutzt, um das öffentliche Interesse in eine andere Richtung zu lenken und einen Diskurs einzuleiten, der ideologisch ihren Interessen dienen sollte. So schreibt Meznik weiter: »An dieser Stelle kommt Geschichtspolitik ins Spiel. Mit ihr sind die Formen der bewussten Nutzung bestimmter Geschichtsbilder und Vergangenheitsdeutungen und die auf ihre öffentliche Verbreitung und Durchsetzung zielenden Handlungen gemeint, die eine politisierende, mobilisierende und legitimierende Wirkung in der politischen Auseinandersetzung entfalten sollen.« (S. 90)

Als geeignet für die Ziele des alten Regimes stellte sich der Diskurs des Nationalismus heraus. Dieser war schon im Patriotismus während der kommunistischen Herrschaft angelegt, als der bulgarische Staat seine Identität aus vermeintlichen Heldentaten und Opfergeschichten schöpfen musste. Die verzerrte und mythologisierte bulgarische Geschichte sollte nach dem Umsturz von 1989 den geplagten Landsleuten Selbstbewusstsein geben – wiederum von Historikern mit kommunistischen Überzeugungen geschrieben. Eine neue, gefährliche Spaltung der Gesellschaft nach ethnischer Zugehörigkeit schlich sich ein. Die Mitte der 1990er Jahre entstandene ökonomische und soziale Ungleichheit führte zur Entwicklung und Akkumulation von Ressentiments, die später in nationalistische Stimmungen ausschlagen sollten. Die durch ethnische, sprachliche und religiöse Heterogenität belastete Konsolidierung der Demokratie – aus der eine Kultur der Vergangenheitsbewältigung hätte resultieren können – wurde zusätzlich durch Ersatz-Diskurse wie diesem erschwert.

Erst zum 20-jährigen Jubiläum trat etwa die unverarbeitete Episode der Zwangsbulgarisierung in den Vordergrund. Auf diese bulgarische Besonderheit in der Vorgeschichte von 1989 ist die Entstehung von Menschenrechtsbewegungen im Land zurückzuführen. Durch Zeugenberichte wurde in manchen Medien daran erinnert, dass die öffentlichen Proteste der Türken gegen die Zwangsassimilation den Grundstein für die weiteren politischen Demonstrationen und den späteren Regimesturz gelegt hatten.

Die Vergangenheit, verdrängt und nicht aufgearbeitet, entscheidet im heutigen Bulgarien immer noch mit. Das lässt sich deutlich am Diskurs anlässlich des Jahrestages zum 10. November ablesen. Denn die Repräsentanten des alten Regimes arbeiteten in den Nachwendejahren systematisch für das Vergessen – bis 2006 der entsprechende Druck aus Brüssel schließlich mit der öffentlichen Meinung in Richtung Offenlegung der Dossiers der kommunistischen Sicherheitsdienste zusammenfiel. Mehrere Monate mussten vergehen, bis die dafür zuständige Kommission Arbeitsräume bekam, der direkte Zugang zu den Archiven ist immer noch nicht völlig gesichert. Doch langsam mehren sich Projekte wie der Bau eines Denkmals für die Opfer des kommunistischen Regimes des Bildhauers Villi Zenov und des Architekten Ivo Panteleev und die Gründung eines Instituts für nationales Gedenken. Sie lassen ein wachsendes Interesse an der Zeit vor 1989 erkennen.

»Der Übergang war ein traumatisches Ereignis«
Interview mit Edvin Sugarev (57)

Edvin Sugarev, 1953 geboren, war einer der führenden Protagonisten der Ereignisse von 1989. Heute arbeitet er als Literaturwissenschaftler am Institut für Literatur der Bulgarischen Akademie der Wissenschaften. Davor war er Parlamentsabgeordneter und Parteichef der oppositionellen Bewegung Ekoglasnost und Mitbegründer der ersten demokratischen Union UDK.

Mit welcher Stimmung hat die bulgarische Gesellschaft das Jubiläum der friedlichen Revolutionen begangen?

Während überall in Osteuropa dieses Jubiläum mit einer entsprechenden Feierlichkeit begangen wurde, verliefen in Bulgarien der 9. November und auch der 10., der Tag, an dem vor 20 Jahren Parteichef Todor Živkov gestürzt wurde, ohne großen Enthusiasmus. Es gab ein oder zwei öffentliche Diskussionen, in der Presse viele Interviews mit Protagonisten von damals und das war's. Der Grund dafür liegt darin, dass der Übergang für die meisten Bulgaren ein traumatisches Erlebnis war. Er wird als verfehlt angesehen – nicht nur durch die zahllosen Absurditäten dieser 20 Jahre, sondern weil er klare missgeburtliche Züge annahm.

Warum war das so?

Die formalen Errungenschaften waren zwar da: ein Mehr-Parteien-System, Marktwirtschaft, Redefreiheit. Ja, Bulgarien ist sogar Nato- und EU-Mitglied geworden – davon hat ja 1989 keiner zu träumen gewagt! Aber all das baut die Fassade einer Pseudodemokratie auf, hinter der ein oligarchischer und mafioser Staat steht. Es fehlt das Herzstück eines demokratischen Lebens: die Zivilgesellschaft. Der Übergang vom Untertan zum Bürger hat nicht stattgefunden. Der 10. November war in Bulgarien nicht erkämpft, es gab nichts, was einem Prager Frühling oder den langen Kämpfen der Solidarność vergleichbar wäre. Weil die Bulgaren ihre Freiheit wie ein Geschenk bekamen, wussten sie nicht, was sie damit anfangen sollten. Denn der Übergang erzeugte nicht die erwartete Lebensqualität, deshalb erinnern sich die meisten Bulgaren eher mit Niedergeschlagenheit als mit Begeisterung daran.

Kann man von Fehlern der Transformation sprechen, oder war angesichts der politischen und sozialen Bedingungen genau so eine Entwicklung zu erwarten?

Selbstverständlich muss man von Fehlern sprechen. Hier einige der wesentlichsten: die Verzögerung der Reformen und insbesondere der Privatisierung; die verspätete Öffnung der Stasi-Archive und der Verzicht auf Lustration; die Auseinandersetzungen im Lager der demokratischen Kräfte um die Führungsrolle; die Korruption bei der Regierung der Union der Demokratischen Kräfte 1997 bis 2001, die klein im Vergleich zu anderen Kabinetten war, jedoch unzulässig gerade deshalb, weil man von bulgarischen Demokraten ein anderes Verhalten erwartete. Und noch ein Fehler, der nicht in Bulgarien passierte: Es fehlte ein Konsens über die

Verurteilung des Kommunismus als tyrannisches und terroristisches Regime, dessen Verbrechen vergleichbar mit denen im Faschismus sind und in mancher Hinsicht sogar größer.

Warum gibt es diesen Konsens nicht, wie sieht Aufarbeitung in Bulgarien aus?

Der Übergang ist nicht aufgearbeitet worden, genauso wie die fast ein halbes Jahrhundert dauernde Herrschaft der kommunistischen Tyrannei. Bulgarien fehlt heute eine Institution, die die Fakten erforscht, zusammenfasst und einordnet. Bulgarien ist das einzige Land des ehemaligen Ostblocks, in dem es kein Institut für das nationale Gedächtnis oder eine in der Funktion ähnliche Institution gibt. Der bulgarische Übergang erzeugte nicht Geschichte, sondern Amnesie.

Welche Momente von vor 20 Jahren sollten Ihrer Meinung nach im kollektiven Gedächtnis der Bulgaren aufbewahrt werden?

Nicht der 10. November. Dieses Datum hat nichts mit Demokratie zu tun, mit Freiheit auch nicht. Aber der 14. Dezember 1989 zum Beispiel, als die bulgarischen Bürger das Parlament umzingelten und die ehemalige kommunistische Partei dazu zwangen, den Artikel 1 der Verfassung, der ihr die absolute politische Macht sicherte, zu ändern. Oder der 11. Januar 1997, als die Menschen dasselbe Parlament stürmten und damit die Bildung einer Regierung der Bulgarischen Sozialistischen Partei verhinderten. Damals betrugen die Inflation bis zu 520 Prozent und die Monatsgehälter etwa 10 Dollar. Oder aber der 14. Januar 2009, als sich junge Leute gegen Polizeistöcke wehrten, weil sie gegen die korrupte Regierung der Dreierkoalition aus Bulgarischer Sozialistischer Partei, Nationaler Bewegung Simeon II und Bewegung für Rechte und Freiheiten protestierten.

Wie hat sich die politische Entwicklung seit damals auf Ihren Lebensweg ausgewirkt?

Früher war ich am Literaturinstitut bei der Bulgarischen Akademie der Wissenschaften tätig, heute, zwanzig Jahre später, bin ich immer noch dort. Die Veränderungen haben sich beflügelnd auf mich ausgewirkt, aber ich muss zugeben, dass wir nichts zu Ende geführt haben, dass wir in vielem gescheitert sind. Wir waren rund dreihundert Dissidenten und ohne jegliche Erfahrung. Und auf einmal mussten wir uns in eine politische Klasse umwandeln, um Entscheidungen für Millionen zu treffen. Und schafften es nicht, weil wir nicht radikal genug waren. Das private Leben ist bei Veränderungen so eines Maßstabs nicht von besonderer Bedeutung, obwohl ich als Dichter und Schriftsteller mein Publikum verlor: Egal, was ich heute schreibe, alle lesen es durch das Prisma meiner politischen Aktivitäten.

»Ich profitiere von den Veränderungen«
Interview mit Maria Zaneva (22)

Maria Zaneva wurde 1988 geboren und studiert an der Kunstakademie in Sofia.

Welche Erinnerungen an Ihre Kindheit haben Sie, die mit der politischen Transformation Anfang der 90er verbunden sind?

Ich gehöre zu denen, die von den Veränderungen seit damals profitieren und kann keine Schlüsse über die politische Transformation ziehen. Ich kann nur mit Filmen und Dokumenten von früher vergleichen und ich denke, es gibt eine spürbare Veränderung.

Woher wissen Sie etwas über den Sozialismus und haben Sie das Bedürfnis, mehr darüber zu erfahren?

Über die Zeit vor 1989 habe ich am meisten aus Kinofilmen und dem Fernsehen erfahren, auch von Erzählungen derer, die damals schon gelebt haben. Trotzdem sehe ich heute, dass ich mehr darüber wissen müsste. Meiner Meinung nach wurde weder in der Schule, in den Lehrbüchern, noch im Fernsehen so viel über den Sozialismus erzählt, dass ich mir ein klares Bild verschaffen könnte. Die bulgarische Gesellschaft wird stets mit westlichen Gesellschaften verglichen und als postkommunistisch empfunden. Das regt mich dazu an, mehr über die Vergangenheit zu erfahren.

Wurde denn bei Ihnen zu Hause darüber gesprochen, was im Land passiert?

Meine Eltern waren immer am politischen Geschehen im Land interessiert und diskutierten darüber zu Hause. Aber damals war ich zu klein, um zu verstehen, worum es ging. Ich habe mich damals noch nicht dafür interessiert.

Welches Gespräch über das Bulgarien vor 1989 hat Sie so beeindruckt, dass Sie es in Erinnerung behielten?

Es haben mich immer die Älteren meiner Kunstlehrer beeindruckt: Sie machten uns Schülern Vorwürfe, dass wir nicht wie die Schüler vor 15 oder 20 Jahren arbeiteten. Diese Bemerkungen waren mit langen Erzählungen über die Vergangenheit verbunden, darüber, welche strengen Regeln im Fach Kunst herrschten. Ich habe solche Vergleiche immer als überflüssig empfunden, weil sich die Lehrer sehr oft durch das Gegenteil dessen auszeichneten, wovon sie sprachen: Sie legten eine hohe Passivität und ein großes Desinteresse an den Tag.

Wie haben Sie die Zeit Ihres Heranwachsens – die Zeit nach dem Umsturz – empfunden?

Ich bin in einer Zeit ständiger Veränderungen aufgewachsen. Meine Schulbücher endeten normalerweise mit den Ereignissen um den 9. September 1944, dem Einmarsch der Sowjetarmee in Bulgarien, und es gab noch etwa zwei Lektionen zur neueren Geschichte. Unsere Kenntnisse über die jüngste Vergangenheit sind deshalb sehr rudimentär. Heute verstehe ich, dass ein Kind solche Veränderungen auch über die eigenen Spielzeuge erfahren kann. In meiner Kindheit tauchten allmählich neue Arten von Spielzeug auf, die die Unterschiede zwischen den materiellen Verhältnissen, in denen die Kinder aufwuchsen, deutlich machten. Heute spielen die bulgarischen Kinder mit den gleichen Spielzeugen wie ihre Zeitgenossen in ganz Europa.

Wie haben sich die Veränderungen auf Ihre Generation ausgewirkt? Würden Sie dem, was eine Zeitgenossin in der Wochenzeitung Kapital dazu sagt, zustimmen? – »Unsere Generation kennt weder Weltkrieg noch große Depression. Unser Krieg ist geistig. Unsere Depressionen – das sind unsere Leben.«

Ich stimme dem zu, dass unser Krieg geistig ist. Die Menschen meiner Generation sind vielleicht tatsächlich verwirrt und chaotisch, wozu unser beschränktes Umfeld beiträgt. Andererseits liegt darin eine große Motivation zur Veränderung. Wir sind Teil einer mobilen Gesellschaft mit großen Reisemöglichkeiten in andere Staaten und Kommunikation via Internet.

Engagieren Sie sich politisch oder sozial?

Ich unterstütze die Initiativen der Grünen und nehme immer an den Wahlen teil, weil ich denke, dass die Stellungnahme und das Verhalten jedes Einzelnen von Bedeutung sind.

DEUTSCHLAND

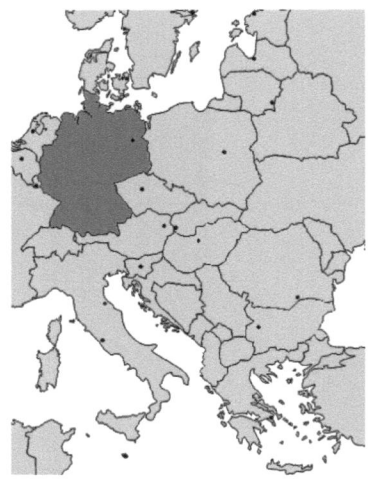

Von der Schwierigkeit einer Versöhnung

Von Benjamin Haerdle

20 Jahre Mauerfall und keiner hat's gemerkt? Das kann in Deutschland wohl niemand ernsthaft behaupten. Fernsehen, Radio und Zeitungen überschlugen sich im Jubiläumsjahr 2009 mit Berichten, Reportagen und zeithistorischen Dokumenten rund um die Ereignisse, die sich vor 20 Jahren in der DDR abspielten. Es gab besonders in Berlin hochkarätige Ausstellungen wie die »Friedliche Revolution 1989/90« auf dem Alexanderplatz, die Fotoausstellungen »Übergangsgesellschaft« in der Akademie der Künste und »Ostzeit« im Haus der Kulturen zu bewundern, dazu wissenschaftliche Tagungen, Diskussionsveranstaltungen und eine internationale Theaterreihe. Und schließlich, als finale Krönung, die zum medialen Höhepunkt aufgemotzten politischen Feierlichkeiten rund um den 9. November in Berlin. Verhehlen kann die Flut von Bildern, Eindrücken und Atmosphäre aber nicht, dass dem Land im Jubiläumsjahr die großen gesellschaftspolitischen Debatten fehlten, wie sie zum Beispiel im Nachbarland Frankreich gerne aufkommen. Allerdings, und dies zeigt sich in der Rückschau: Auch hierzulande kochten 20 Jahre nach der friedlichen Revolution zeitweise die Diskussionen immer wieder hoch.

Verlässlich für großen politischen Aufruhr sorgte im Jubiläumsjahr immer wieder das Aufregerthema Staatssicherheitsdienst (Stasi). Wohl an keinem anderen DDR-Thema entfachen sich im wiedervereinigten Deutschland so stark die Emotionen, doch erhielt die Diskussion dieses Mal durch die Ereignisse vor 20 Jahren noch einen anderen, weitaus grundsätzlicheren Aspekt: nämlich den der Versöhnung. Ausgangspunkt der Debatten war ein Bericht der Financial Times Deutschland, wonach in ostdeutschen Landesverwaltungen immer noch rund 17.000 ehemalige Mitarbeiter des Staatssicherheitsdienstes der DDR arbeiten. Die Tageszeitung löste damit einige profane Folgefragen aus. Etwa, warum es in Brandenburg seit 1990 keine systematische Stasi-Überprüfung der Abgeordneten gegeben hat oder – wiederum Brandenburg – warum die dortige Landesregierung erst im Dezember 2009 den Entschluss fasste, erstmals den Posten des Stasi-Beauftragten ab Februar 2010 mit der früheren DDR-Bürgerrechtlerin Ulrike Poppe zu besetzen.

Verstärkt wurde die Diskussion, als sich die brandenburgische SPD im Herbst dazu entschied, mit der Linkspartei zu koalieren. Daraufhin wurden nicht nur prompt zwei Landtagsabgeordnete der Linken als Stasi-Mitarbeiter entlarvt, sondern es blies dem ehemaligen Bürgerrechtler und heutigen Ministerpräsidenten Matthias Platzeck alsbald ein scharfer Gegenwind um die Ohren. Doch der Regierungschef hielt der Kritik stand und verteidigte sich gleichermaßen offensiv wie diskursfreudig. Deutschland müsse endlich anfangen, es mit dem überfälligen Prozess der Versöhnung ernst zu meinen: »Unsere Gesellschaft lebt davon, Menschen die Chance zur Läuterung einzuräumen.« Tenor des Appells: Es fehle an Bereitschaft, Sündern die Rückkehr in die Normalität zu erlauben.

Der Pragmatiker Platzeck war aber nicht der Einzige, der für mehr Dialog plädierte. Von Seiten der Kirche kam eine ähnliche Botschaft. So forderte zum Beispiel die Bischöfin der Evangelischen Kirche in Mitteldeutschland Ilse Junkermann in einem Versöhnungsaufruf dazu auf, Menschen, die dem DDR-Regime nahe standen, »nicht in Schubladen« zu sperren. Sie erntete dafür jedoch heftige Kritik, beispielsweise von Seiten der Vereinigung der Opfer des Stalinismus und vom Landesbeauftragten für Stasi-Unterlagen Sachsen-Anhalts Gerhard Ruden. Deren Meinung: Für Versöhnung brauche es einen Partner, der sich seiner Verantwortung für die Vergangenheit stelle. Angestoßen werden sollte damit jene Differenzierung, die sich viele wahrscheinlich schon früher gewünscht hätten. Ähnlich sieht das auch die Bürgerrechtlerin Bärbel Bohley: »Es waren ja nicht alle kleine Teufel in der SED.« Auch dort habe es Menschen mit ganz unterschiedlichen Vorstellungen gegeben.

Virulent blieben damit vor allem die Fragen nach der Versöhnung, nach dem Vergessen, nach dem Schluss-Strich. Können und dürfen die Grenzen zwischen Opfer und Täter schon jetzt verschwimmen? Klar positioniert hat sich dazu Bundeskanzlerin Angela Merkel: »Zur Versöhnung gehört Wahrhaftigkeit. Schluss-Striche – egal unter welches Kapitel der Geschichte – stehen im Widerspruch dazu.« Schluss-Striche ziehen zu wollen, hieße, etwas verdrängen zu wollen. Das funktioniere nie. Und zudem, so die Kanzlerin weiter in einem Interview mit der Leipziger Volkszeitung, müsse man die Erinnerung an das Geschehene wach halten, um die Zukunft zu gestalten. »Das sind wir den vielen Opfern des SED-Regimes schuldig.« Vollendet sei die Einheit 20 Jahre nach dem Mauerfall deshalb noch lange nicht. Dieses Resümee zogen viele im Jubiläumsjahr, obwohl vielleicht so mancher westdeutsche Politiker insgeheim wohl lieber das Gegenteil sähe. Doch auch Bundespräsident Horst Köhler gab sich keiner Illusion hin: An der Einheit müsse weiter gearbeitet werden, sie sei nie fertig.

Und noch ein anderer Aspekt harrt offensichtlich der Aufarbeitung und der gesellschaftlichen Bewertung: Welches Unrecht machte die DDR zu einem Unrechtsstaat? Warum gibt es noch keine Übereinkunft, was eigentlich den verbrecherischen Charakter des DDR-Regimes ausgemacht hat? Auch da scheint Klärung vonnöten. Denn warum sonst erntete im Vorfeld der Wahl zum Bundespräsidenten die SPD-Kandidatin Gesine Schwan einen bundesweiten Orkan an Reaktionen, als sie anzweifelte, dass die DDR ein Unrechtsstaat gewesen sei? Eine Armada von Gegenrednern stellte sich ihr daraufhin in den Weg und bezog Position, allen voran Bundespräsident Köhler und Bundeskanzlerin Merkel. Natürlich, so Merkel, zögen sich Freundschaften und glückliche Ereignisse durch die Biografie jedes Menschen, der in der DDR gelebt habe. »Aber das ändert nichts daran, dass die DDR ein Unrechtsstaat war.« Letztlich bewies die Diskussion über Schwans Äußerungen, die danach die Wahl für das Amt des Bundespräsidenten verlor, vor allem eines: Die Aufarbeitung der DDR ist eben doch noch lange nicht abgeschlossen.

Im Jubiläumsjahr zitiert

»Die blühenden Landschaften sind das einzige Versprechen, das wirklich eingelöst wurde. Aber leider konnten wir DDR-Bürger die Erfahrungen, die wir im Herbst '89 gemacht haben, nicht ins geeinte Deutschland einbringen: nämlich, dass man ein bisschen größer, ein bisschen mächtiger ist, als man selbst von sich glaubt. Wäre uns das gelungen, wäre Deutschland heute ein mutigeres Land.«

Bärbel Bohley im Magazin der Süddeutschen Zeitung

»Ich beobachte, dass all die Veranstaltungen zum Gedenken an den Mauerfall eigentlich inhaltslos sind. Sie bereiten das historische Ereignis noch einmal auf, genau so, wie man es schon nach fünf Jahren, nach zehn Jahren, nach fünfzehn Jahren gemacht hat. Diese Erinnerungsfeier ist letztlich formelhaft, sie betoniert das Ereignis. Aus dem Mauerfall ist ein Event geworden. Stadtmarketing, könnte man sagen.«
Jana Hensel, Autorin des Buches »Zonenkinder«, im Leipziger Stadtmagazin KREUZER

»Der unbeabsichtigte Fall der Mauer entstand durch ein Zusammentreffen von unkoordinierten Entscheidungen der SED-Spitze, falschen Situationsdefinitionen der West-Medien, spontanen Entschlüssen von Fernsehzuschauern und Radiohörern sowie Ad-hoc-Entscheidungen der Grenzsicherungsorgane.«
Hans-Hermann Hertle, Forscher am Zentrum für Zeithistorische Forschung in Potsdam und Autor des Buches »Chronik des Mauerfalls«

»Das Vermächtnis der friedlichen Revolution gehört nicht ins Museum. Wir waren nicht das Volk – sondern wir sind das Volk.«
Der frühere DDR-Bürgerrechtler und Europapolitiker Werner Schulz in einer Rede in Leipzig am 9. Oktober

»Die meisten Westdeutschen haben sich gefreut über die Vereinigung und ihr Leben weitergeführt und die Folgen anderen überlassen, ich will nicht sagen dem lieben Gott, aber jedenfalls dem gemeinsamen Staat. Dass es interessant und lohnend und auch menschlich bewegend ist, sich persönlich umzusehen in den östlichen Bundesländern, hätte für mich auch zu dem Aspekt gehört ›Sich vereinigen, heißt teilen lernen‹, sich als Bürger zu beteiligen.«
Der ehemalige Bundespräsident Richard von Weizsäcker im Interview mit der Frankfurter Rundschau

»Heute glaube ich, dass eine Übergangszeit vor allem eines ermöglicht hätte: Der Überrumpelung zu entgehen, zur Besinnung zu kommen, nachzudenken und tatsächlich eine Vereinigung vorzubereiten. Die Vereinigung mit dem Osten wäre für den Westen eine Chance gewesen, bisherige Praktiken zu überdenken und sich selbst zu wandeln.«
Der Schriftsteller Ingo Schulze in der Süddeutschen Zeitung

Anlass zur Sorge bereitete derweil Wissenschaftlern, dass sich in der Bevölkerung Ostdeutschlands ein fester Bestandteil an Ressentiments gegen die Bundesrepublik und ihre Repräsentanten gebildet hat. Es sei in Teilen Ostdeutschlands mehrheitsfähig, den bürgerlichen Rechtsstaat abzulehnen, konstatieren etwa Politikwissenschaftler der Freien Universität Berlin. So habe der Westen die erste Ost-Elite, die Politiker der ersten Wende-Stunde, den Stolz, das Selbstvertrauen der Ostdeutschen verschlungen – und damit auch deren Lust, den neuen Staat mitzugestalten, schrieb die Süddeutsche Zeitung. Und weiter: »Die Aufbaumaschinerie des Westens hat den Osten quasi überrollt.« Der Einheitsfrust, die bemerkenswerte Unmaßgeblichkeit des ostdeutschen Beitrags zum Gelingen der deutschen Einheit, verursache auch die geringe Akzeptanz der bundesdeutschen Institutionenordnung, stellte der Kultursoziologe Detlef Pollack von der Europa-Universität Viadrina in Frankfurt (Oder) fest.

Zwangsläufig stellt sich so für manchen Ostdeutschen die Frage, was denn im neuen Deutschland noch übrig bleibt von der DDR. Ganz trefflich sah man dies in diesem Jubiläumsjahr, weil just 2009 ebenso das 60-jährige Bestehen der Bundesrepublik gefeiert wurde. So waren beispielsweise im Spiegel-Sonderheft über 60 Jahre Bundesrepublik Deutschland mit der Ausnahme der ostdeutschen Bundeskanzlerin Merkel nur Personen der westdeutschen Geschichte auf dem Titelbild zu sehen. Die DDR scheine verschwunden zu sein, bemerkte ein Spiegel-Autor nachdenklich. Davon gehen wohl auch etliche Westdeutsche aus. Für sie, das zeigte sich in verschiedenen Umfragen im Jubiläumsjahr, ist der Osten auch 20 Jahre nach Grenzöffnung immer noch Terra incognita: Ein Drittel aller Westdeutschen war noch nie im Osten Deutschlands. Dagegen besuchten nur zehn Prozent der Ostdeutschen noch nie die alten deutschen Bundesländer. Wie soll da zusammenwachsen, was zusammengehört?

Zumal, wenn dann noch Politiker wie Bundesverkehrsminister Peter Ramsauer mit wenig diplomatischem Feingefühl just zum Mauerfalljubiläum via Zeitungsinterview bei Verkehrsprojekten im Westen einen großen Modernisierungsbedarf feststellen. Die Konzentration auf Ostdeutschland sei aus Solidarität lange richtig gewesen, jetzt aber gebe es im Westen »erheblichen Nachholbedarf« beim Ausbau der Infrastruktur, sagte der CSU-Politiker der Welt am Sonntag. Dass damit gesamtdeutsche Neiddebatten am Köcheln gehalten werden, erstaunt wenig.

Trotzdem scheint der Drang groß, zumindest architektonisch einen Schluss-Strich unter das Thema Wiedervereinigung ziehen zu wollen. Ob Berlin, Leipzig oder Plauen – überall dort sollten 2009 die entscheidenden Schritte bei der Verwirklichung von Einheitsdenkmälern vollzogen werden. Doch das in Berlin geplante Denkmal, für das der Bund rund zehn Millionen Euro ausgeben möchte, geriet zumindest vorerst zur Farce. Der für Künstler und Architekten ausgeschriebene Wettbewerb, in dem Denkmal einen Bogen zu schlagen von der friedlichen Revolution 1989 bis zur Deutschen Revolution 1848, scheiterte grandios. Sämtliche 532 Vorschläge fielen nach dem Votum der Jury durch. Nun wird der Wettbewerb neu ausgeschrieben. Am 3. Oktober 2010 soll der Sieger präsentiert werden. Auch in Leipzig kam man mit den Planungen nicht voran. Nägel mit Köpfen machte man dagegen im vogtländischen Plauen, wo am 7. Oktober 1989 fernab von Kameras und Journalisten die erste größere Demonstration gegen das SED-Regime stattfand. In Plauen legte Bundespräsident Köhler den Grundstein für eine überdimensional große Kerze in einem Bronzemantel. Die Einweihung des Denkmals ist für den 3. Oktober 2010 geplant.

1989–2009: Denkwürdige Daten

9. Oktober
Vor 20 Jahren versammeln sich nach Friedensgebeten in vier Leipziger Kirchen mehr als 70.000 Menschen mit Kerzen in der Hand auf der Straße. Sie ziehen von der Nikolaikirche und anderen Kirchen der Stadt über den Leipziger Ring, um trotz drohenden Schießbefehls für mehr Freiheit in der DDR zu protestieren. Die Staatsmacht greift nicht ein. Deshalb gilt der 9. Oktober unter Bürgerrechtlern als der entscheidende Tag der friedlichen Revolution. 20 Jahre später nehmen in Leipzig 100.000 Menschen am Lichtfest teil, das an die Demonstration vor genau 20 Jahren erinnern soll. Aufsehen erregt auf der Festveranstaltung der Bürgerrechtler Werner Schulz (Die Grünen). Er erklärt in seiner Rede, die Bürgerbewegung der DDR sei entgegen der vorherrschenden westlichen Betrachtung keine Einheits-, sondern eine Demokratiebewegung gewesen.

> 31. Oktober
> Es ist womöglich die letzte Zusammenkunft dreier Staatsmänner, die sich um die Wiedervereinigung Deutschlands verdient gemacht haben: Alt-Kanzler Helmut Kohl, der frühere US-Präsident George Bush und der ehemalige sowjetische Präsident Michail Gorbatschow treffen sich auf Einladung der Konrad-Adenauer-Stiftung in Berlin, um nochmals die Ereignisse vor 20 Jahren Revue passieren zu lassen. »Ich habe nichts Besseres, als stolz zu sein auf die deutsche Einheit«, erklärt Kohl. Für viele Beobachter ist das eine denkwürdige Geschichtsstunde.
>
> 9. November
> Die Feierlichkeiten in Berlin am 9. November sind der politische Höhepunkt des Jubiläumsjahres. In einem Staatsakt gedenkt die Bundesregierung mit mehr als 30 Staats- und Regierungschefs aus dem Ausland, Bürgerrechtlern und Zeitzeugen auf mehreren Veranstaltungen der Ereignisse vor 20 Jahren. Am Vormittag spaziert Bundeskanzlerin Angela Merkel mit dem Mitbegründer der polnischen Gewerkschaft Solidarność Lech Wałęsa, mit Michail Gorbatschow und zahlreichen Bürgerrechtlern wie Joachim Gauck und Marianne Birthler über den ehemaligen Grenzübergang Bornholmer Straße. Dort ging damals gegen 23.30 Uhr erstmals der Schlagbaum an der innerdeutschen Grenze hoch. Für Aufsehen sorgt am Abend am Brandenburger Tor der Fall einer aus rund 1.000 Steinen bestehenden Dominomauer, deren Styroporsteine mehr als 15.000 Jugendliche weltweit in einem Projekt des Goethe-Instituts gestaltet hatten. Rund zwei Millionen Besucher nehmen an den Feiern teil.

Was also bleibt vom Jubiläumsjahr der friedlichen Revolution? Vor allem eine beruhigende Gewissheit: Das Ausland hat sich mit dem wiedervereinigten Deutschland versöhnt. Vor 20 Jahren traf der damals amtierende Bundeskanzler Helmut Kohl auf große Bedenken und Ängste der europäischen Nachbarn, dass ein erstarktes Deutschland historischen Expansionsgelüsten nachhängen könnte. Vorbehalte, die 2009 durch die Öffnung britischer Archive etwa in Protokollen der amtierenden Premierministerin Margaret Thatcher erneut belegt wurden. Diese Sorge konnte das neue Deutschland eindrucksvoll entkräften. Die

Feierlichkeiten rund um den 9. November in Berlin waren beileibe keine dumpf-nationale Einheitsfeier, sondern vielmehr ein großes internationales Happening, ein Volksfest. Mehr als 30 ausländische Staats- und Regierungschefs waren zu Gast, und unter den zwei Millionen Besuchern tummelten sich etliche Touristen, die unter anderem wegen der Einheitsfeier angereist waren.

Und auch in anderen Städten rund um den Globus feierten die Menschen die Einheit. In Los Angeles und Warschau wurde beispielsweise die Mauer nochmals symbolisch gestürzt. Selbst Frankreich, das aus historischen Gründen allzu berechtigte Vorbehalte gegen ein wiedervereinigtes Deutschland anmelden könnte, zelebrierte mit einem Musik- und Bildspektakel auf dem Pariser Concorde-Platz den Mauerfall und reihte den 9. November damit als »Teil unserer gemeinsamen europäischen Geschichte« ein, wie es der französische Europastaatssekretär Pierre Lellouche pathetisch formulierte.

Taktgefühl bewies die Bundesregierung zudem, weil sie die Verdienste der Staaten Osteuropas für die Deutsche Einheit deutlich zum Ausdruck brachte. Dass kritische Persönlichkeiten wie der Bürgerrechtler Werner Schulz sehr prominent auf dem Leipziger Lichtfest auf die Protestbewegungen in Polen, der Tschechoslowakei oder Ungarn hinwiesen, dürfte man da fast erwarten. Aber auch Bundeskanzlerin Merkel bewies reichlich politisches Gespür, als sie dem ehemaligen Solidarność-Chef Lech Wałęsa eine gewichtige Rolle bei den Feiern in Berlin am 9. November einräumte. »Die Gewerkschaftsbewegung in Polen war eine mutige Erhebung und eine unglaubliche Ermutigung für die Menschen in der damaligen DDR«, sagte Merkel.

Deshalb mag man das Spektakel am Brandenburger Tor am 9. November mit der Popband Bon Jovi, der ZDF-Plaudertasche Thomas Gottschalk und dem symbolischen Mauerfall der künstlerisch gestalteten Dominosteine aus vielerlei Gründen kritisieren, doch die pittoresken Fernsehbilder unterstrichen in ihrer Wirkung vor allem eines: Das Ausland braucht vor dem wiedervereinigten Deutschland keine Angst zu haben. Und das ist dann wohl die beruhigendste Nachricht, die bleibt nach einem Bilder- und Ereignisrausch in Gedenken an den Mauerfall vor 20 Jahren.

»Unsere Erde bräuchte eine Alternative«

Interview mit Bernd-Lutz Lange (66)

Der 1944 in Ebersbach/Sachsen geborene Bernd-Lutz Lange war 1966 Gründungsmitglied des Kabaretts »academixer« in Leipzig. 1988 machte er sich als Autor und Kabarettist selbstständig. 1989 war er Mitautor des Aufrufs der »Leipziger Sechs«. Das Schreiben, in dem sechs stadtbekannte Persönlichkeiten zum Dialog zwischen Partei und Volk aufrufen, trug maßgeblich dazu bei, dass die Demonstration am 9. Oktober friedlich blieb. Lange lebt heute in Leipzig.

Sie waren einer der »Leipziger Sechs«, die vor der Montagsdemonstration am 9. Oktober 1989 den Aufruf zur Gewaltfreiheit verfassten. Warum haben Sie sich damals engagiert?

Man hatte ja bereits seit dem Sommer 1989, als tausende DDR-Bürger in den Westen flohen, das Gefühl, dass der Eiserne Vorhang zu verschwinden begann. Ich wollte mich für Veränderungen engagieren und versuchte, Bürgerrechtler und SED-Parteifunktionäre miteinander ins Gespräch zu bringen, um die Situation etwas zu entschärfen. Durch meine Arbeit als Kabarettist kannte ich Funktionäre der Partei, die vor der Premiere unser Programm abnahmen. So zum Beispiel Roland Wötzel, der eine Zeit lang Sekretär für Kultur der SED-Bezirksleitung war.

Hatten Sie Angst?

Generell hatte ich Angst, dass es in Leipzig irgendwann den ersten Toten geben könnte. Doch darüber dachte ich am 9. Oktober nicht nach. Als ich Wötzel an dem Tag traf und wir zusammen mit den anderen den Aufruf niederschrieben, gab ich ihm einen Zettel mit einem Zitat des Religionsphilosophen Martin Buber in die Hand: »Das Einzige, was dem Menschen zum Verhängnis werden kann, ist der Glaube an das Verhängnis, denn er verhindert die Umkehr.«

Die Leipziger Demonstration mit mehr als 70.000 Protestierenden verlief friedlich. Der 9. Oktober gilt seitdem für viele als Tag der Entscheidung in der friedlichen Revolution.

Unser Aufruf, den der Gewandhauskapellmeister Kurt Masur verlas, lief mehrmals im Stadtfunk und über Radio DDR, Sender Leipzig. Er wurde zudem in allen Kirchen der Innenstadt verlesen. Man kann sich heute kaum noch vorstellen, was der Aufruf damals bedeutete. Liest man sich den Text heute durch, wirkt er bescheiden und freundlich. Aber 1989 war es eine Sensation, dass drei SED-Funktionäre in aller Öffentlichkeit zugaben: Ja, in diesem Land gibt es Probleme und es muss sich etwas ändern.

Waren Sie mutig?

Mutig waren vor allem Menschen, die es in den 60er und 70er Jahren wagten, gegen die Partei zu protestieren. 1965 zum Beispiel junge Leute beim so genannten Beataufstand. Es wurden damals viele Bands verboten. Mehr als 2.000 Jugendliche gingen in Leipzig für ihre Beatmusik auf die Straße und wurden von der Polizei niedergeknüppelt. Oder auch die Proteste gegen die Sprengung der Leipziger Universitätskirche. Wer sich zu dieser Zeit so etwas traute, war wirklich mutig, denn es gab keine Möglichkeit, das Land zu verlassen.

Was war im Herbst 1989 Ihre Vision der Zukunft für die DDR?

Meine Generation hat natürlich an Prag und damit an das tschechoslowakische Modell des Sozialismus gedacht, also einen Sozialismus mit menschlichem Antlitz, wie ihn die dortige Staatsführung um Alexander Dubček wollte. Diese Hoffnung machten die sowjetischen Panzer 1968 in Prag zunichte. Aber die vier Wochen im Herbst 1989 – vom 9. Oktober bis zum 9. November – das war die schönste Zeit der friedlichen Revolution. Die Menschen liefen nicht über das Pflaster, sondern schwebten quasi. Wir waren eine große Familie und hatten viele Visionen, wie wir den Sozialismus reformieren wollten. Viele dachten in der Gesellschaft an einen dritten Weg zwischen dem herkömmlichen Kapitalismus und dem Sozialismus. Wenn wir uns heute die Welt ansehen, dann merken wir, wie nötig unsere Erde eine Alternative bräuchte.

Mit dem 9. November mussten Sie die Vision endgültig begraben.

Nach der Öffnung der Mauer war keine Zeit mehr für einen dritten Weg. Der Ruf nach der D-Mark wuchs. Die Leute wollten endlich das kaufen, was sie jahrzehntelang im Intershop und im Westfernsehen gesehen hatten. Wer dachte damals an die wirtschaftlichen Konsequenzen, dass über Nacht beispielsweise das Exportgeschäft in den Ostblock wegfiel, viele Betriebe dicht machen mussten und dadurch viele Menschen bald auf der Straße standen, auf der sie eben noch demonstriert hatten?

Was sind Ihre Lehren aus diesem Herbst?

Leider wurden nach dem 9. November recht schnell die Runden Tische von den etablierten West-Parteien eliminiert. Unbequeme Personen, die viele Fragen hatten, waren bald wieder nicht so gern gesehen. Ich würde mir wünschen, dass im Bundestag nicht nur Abgeordnete der Parteien sitzen, sondern integrierte Persönlichkeiten, die sich allein durch Charakter und Sachkenntnis auszeichnen. Die können aus Kirchen oder Gewerkschaften kommen, es können Krankenschwestern oder Lehrer sein, aber es sollte in diesem Haus mehr geballte Weisheit des Volkes geben.

Wie sollte man der Ereignisse des Herbstes 1989 angemessen gedenken?

Sicher nicht mit einem Denkmal, wie es in Berlin oder Leipzig geplant ist. Da bin ich dagegen, denn wie will man der Zivilcourage Tausender ein Denkmal setzen? Ich wünsche mir, dass die drei wichtigsten Losungen, die für die friedliche Revolution stehen, im Zentrum Leipzigs für immer zu lesen sind: im Nikolaikirchhof »Wir bleiben hier«, auf dem Karl-Marx-Platz, dem heutigen Augustusplatz, »Wir sind das Volk« und »Keine Gewalt« an der »Runden Ecke«, dem ehemaligen Gebäude der Staatssicherheit.

»Ich weiß die Freiheit sehr zu schätzen«

Interview mit Christin Horrmann (21)

Christin Horrmann, Mitte Februar 1989 in Ost-Berlin geboren, wohnte bis vor einem Jahr im Ostteil der Stadt und zog dann nach Steglitz/Westberlin. Sie studiert Politikwissenschaft an der Freien Universität (FU) Berlin.

Als die Mauer fiel, waren Sie ein dreiviertel Jahr alt. Wie sah die DDR für Sie aus?

Persönliche Erinnerungen habe ich natürlich keine mehr. Meine Erinnerung an die DDR ist dank vieler Fotos schwarz-weiß erhalten. Vieles, was ich noch weiß, hat mir meine Familie erzählt.

Ist die DDR bei Ihnen positiv oder negativ besetzt?

Positiv war, dass in meiner Familie damals alle einen festen Job hatten. Zudem bestand ein großer familiärer Zusammenhalt. Man war schließlich in vielerlei Hinsicht aufeinander angewiesen, beispielsweise auf materieller Ebene. Viele heute alltägliche Dinge musste man untereinander tauschen. Das kann man sich heute nicht mehr vorstellen. Negativ war die fehlende Reisefreiheit: Meine Familie konnte beispielsweise ihre Verwandten im Westen nicht besuchen. Und auch die Staatssicherheit war bei uns immer ein Thema.

Warum?

Seitdem einer meiner Großcousins während seiner Zeit bei der Nationalen Volksarmee in den Westen geflüchtet ist, wurden wir von der Stasi überwacht. Die Stasi-Akten haben wir uns aber bis heute nicht angeschaut. Natürlich wäre das interessant gewesen, aber es gibt Dinge, die will man jetzt nicht mehr aufwühlen, sondern abschließen. Selbst wenn wir vielleicht von Bekannten ausspioniert wurden – das ist jetzt schon lange her. Jetzt haben wir neue Zeiten.

Interessieren Sie sich noch für die DDR?

Ja, denn ich will wissen, warum meine Familie zu dem geworden ist, was sie jetzt ist. Über sie habe ich quasi direkten Kontakt zu einem Stück deutscher Geschichte. Das gibt mir einen Eindruck, wie die Menschen zu DDR-Zeiten gelebt und gefühlt haben. Das ist wahrscheinlich näher an der Realität als Filme oder Bücher, mit denen man in der Schule versucht, Geschichte zu vermitteln.

Ihre Mutter sehen Sie also als Zeitzeugin?

Ja, und auch meine Oma. Ich bekomme dadurch verschiedene Blickwinkel und Eindrücke vermittelt, wie das Leben in der DDR gewesen ist. Das ist sehr authentisch.

Ist die DDR noch Gesprächsthema in Ihrem Freundeskreis?

Eigentlich nicht so sehr, höchstens, wenn es aktuelle Ereignisse gibt wie das Jubiläum zum 20. Jahrestag des Mauerfalls. Ansonsten machen wir ab und an ein paar Witze oder Sprüche über die Unterschiede zwischen Ossis und Wessis.

Haben Sie das Thema noch nicht satt?

Nein, ich finde es wichtig, dass darüber viel gesprochen wird. Das einzige, was mich nervt, ist die Diskussion um die Stasi-Tätigkeit. Irgendwann muss man bei persönlichen Biografien einen Schluss-Strich ziehen und schauen, wie der Mensch heute ist und nicht, was er früher gemacht hat. Ohne dass ich das jetzt untertreiben möchte, aber jeder Mensch macht mal Fehler.

Beklagt wird immer wieder, dass die Jugendlichen zu wenig über die DDR wissen. Wie sieht Ihr Wissensschatz aus?

Gerade weil bei uns in der Familie viel über die DDR diskutiert wurde, weiß ich sehr viel davon. Zudem hatte ich in der Schule das Glück, dass mein Geschichtslehrer die Geschichte der DDR wirklich sehr ausführlich besprochen hat. Ich werde nie vergessen, wie er jede Unterrichtsstunde begann mit »Und der 6. Parteitag der SED ...«. Das war sein Anknüpfungspunkt für die Reise in die Geschichte der DDR, die er uns sehr deutlich vermittelt hat. Das Problem ist aber, dass die DDR im Lehrplan ganz hinten steht. Da bleibt dann gegen Schuljahresende immer sehr wenig Zeit.

Fühlen Sie sich als Ostdeutsche?

Etwas schon, weil mir durch die Erziehung ein Lebensstil und Ansichten auf den Weg gegeben wurden, die typisch ostdeutsch sind. Mir wurde zum Beispiel immer vermittelt, dass Männer und Frauen arbeiten. Wenn ich im Westen Deutschlands unterwegs bin, bemerke ich schon deutliche Unterschiede, etwa in der Familienstruktur. Der Vater ist oft der Ernährer; die Mutter bleibt zu Hause und kümmert sich um die Kinder. Am ehesten fühle ich mich aber als Berlinerin.

Welche berufliche Karriere hätten Sie wohl in der DDR eingeschlagen?

Wahrscheinlich wäre ich Dolmetscherin für Russisch geworden, weil ich ziemlich sprachbegabt bin. Oder ich hätte eine Ausbildung bei einem Verlag gemacht, denn Literatur hätte ich sicherlich auch in der DDR gemocht.

Ist der 9. November für Sie ein besonderer Tag?

Dieser Tag ist für meine Mutter und mich immer außergewöhnlich. Das machen wir uns jedes Jahr bewusst. Es wäre schön, wenn er die gleiche Bedeutung wie der 3. Oktober bekäme und man daraus einen Feiertag machen könnte. Manchmal habe ich den Eindruck, dass die Menschen den

Tag gar nicht mehr so wahrnehmen. Deshalb hat es mich auch gefreut, dass der 9. November in Berlin groß gefeiert wurde und dass sehr viele Gäste aus anderen Staaten hier waren.

Fühlen Sie sich eher als Gewinnerin oder Verliererin der Einheit?

Eher als eine Gewinnerin, denn wir haben seitdem viel mehr Chancen, uns selbst zu verwirklichen. Zum Beispiel hätte ich in der DDR wohl kaum die Chance gehabt zu studieren, schon gar nicht Politikwissenschaften. Auch die Möglichkeiten, frei zu reisen und seine Freiheit zu genießen, sind für meine Familie von großer Bedeutung. Als meine Mutter beispielsweise in meinem Alter war, hätte sie sich nicht vorstellen können, einmal Länder wie Ägypten oder Griechenland zu besuchen. Ich weiß daher diese Freiheit sehr hoch zu schätzen.

POLEN

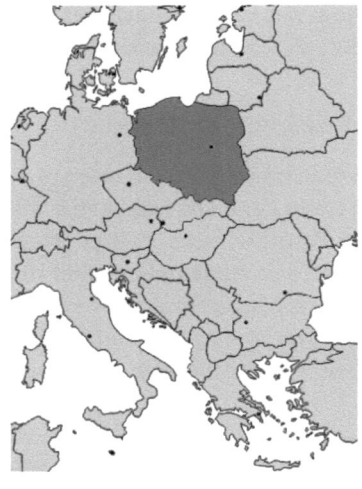

Streit um die Jubiläumsfeiern

Von Marcin Rogoziński

»Zwerge haben den Kommunismus in Polen gestürzt«, sagt ein Zwerg übers Mikrofon. Die Männer mit orangefarbenen Mützen und schneeweißen Bärten verteilen im Zentrum Warschaus Flugblätter an die Passanten. Der Zwerg am Mikro heißt Waldemar »Major« Fydrych und lädt zu einer Ausstellung über die »Pomarańczowa Alternatywa« (Orange Alternative) ein. Sie dokumentiert die Geschichte einer studentischen Protestbewegung in den 1980er Jahren. Berühmt wurde sie durch Zwergen-Graffitis an Hauswänden. An den damaligen Happenings und Aktionen der Studenten beteiligten sich oft mehrere Hundert Teilnehmer. »Das kommunistische System war absurd. Wir wollten die Absurditäten durch Verspottung offenlegen«, erklärt der heute 56-jährige Fydrych 20 Jahre später. Er meint damit zum Beispiel den »Spitzeltag«, an dem im Zentrum Breslaus dutzende Aktivisten Geheimpolizisten nachmachten, indem sie auf Bänken saßen und durch Sonnenbrillen verkehrt herum regimetreue Zeitungen lasen.

Auch für das polnische Jubiläumsjahr 2009 hat Waldemar Fydrych nur Spott übrig. Die Absurdität der Politik habe am 4. Juni einen neuen Höhepunkt erreicht: mit dem Streit zwischen dem Präsidenten und dem Premierminister. Premierminister Donald Tusk flog zum Jubiläumsfest nach Krakau, wo er europäische Staats- und Regierungschefs, darunter Kanzlerin Angela Merkel sowie mit Lech Wałęsa und Václav Havel ehemalige Dissidenten empfing. Derweil reiste Staatspräsident Lech Kaczyński nach

Danzig und beteiligte sich mit seinem Zwillingsbruder Jarosław und den Gewerkschaftern der Danziger Werft an einer Konkurrenzveranstaltung. Er boykottierte damit ganz offensichtlich den Mini-EU-Gipfel in Krakau.

Anstatt der Öffentlichkeit zu zeigen, was Solidarität bedeutet, hätten die Politiker nur geplappert, kritisiert Waldemar Fydrych. Viele von ihnen stellten sich die Aufgabe, die Welt davon zu überzeugen, dass Europa den Fall des Eisernen Vorhangs und die neu gewonnene Freiheit allein Polen verdankt. »Wir wollen zeigen, wo der Völkerfrühling angefangen hat«, sagte Premier Donald Tusk. Polens Ex-Staatspräsident und früherer Solidarność-Vorsitzender Lech Wałęsa sprach weniger diplomatisch über den Mauerfall in Berlin: »Ihr habt die Freiheit errungen, nachdem wir Polen dem sowjetischen Bären die Zähne ausgeschlagen hatten.« Am Gebäude der ehemaligen polnischen Botschaft Unter den Linden in Berlin ließ die polnische Regierung im Frühjahr 2009 ein großes Banner aufhängen: »Es hat am Runden Tisch angefangen«.

Der Magdalenka-Komplex

Im Dorf Magdalenka bei Warschau haben die Verhandlungen am Runden Tisch stattgefunden. National-konservative Kreise werfen bis heute Lech Wałęsa und seinen links-liberalen Solidarność-Beratern vor, sie hätten die Macht und das nationale Vermögen mit den Kommunisten geteilt. »Magdalenka« gilt deshalb als Sinnbild des Hochverrates.

Heutige Stimmen zu den Ereignissen von 1989:

»Dort (in Magdalenka) ist es zur Verbrüderung zweier verhandelnder Seiten gekommen. Es hat gelegentlich Brüderschaften gegeben, nicht selten mit Alkohol. Die damals geschlossene Freundschaft zwischen den braven Solidarność-Leuten und den Kommunisten, die sich bald in die Sozialdemokraten umgewandelt haben, dauert bis heute.«

Ryszard Bender, Rechter Abgeordneter im Senat

»Magdalenka war sowohl ein Komplott als auch ein politisches Gebilde. Es war der Anfang der Vereinigung zwischen den Kommunisten und der von der Solidarność abstammenden Laien-Linken sowie der Linken in der katholischen Kirche.«

Jerzy Robert Nowak, Professor und Historiker

»Man kann zwar von einer gegenseitigen politischen, nicht öffentlichen Beziehung sprechen, doch sie wurde im Interesse des Landes, nicht einer engen gesellschaftlichen Gruppe geschlossen. (...) Es unterliegt aber keinem Zweifel, dass sich dank Magdalenka und dem Runden Tisch die Menschen des alten Regimes ihre Zukunft sichern und sich in der neuen Realität einrichten konnten.«
Dr. Antoni Dudek, IPN (Institut für nationales Gedenken)

»Magdalenka war weder Verrat noch ein Vertrag über die Abgabe des nationalen Vermögens an die Kommunisten. Das kann ich am 20. Jahrestag feierlich sagen.«
Lech Kaczyński, Staatspräsident (18.6.1949 – 10.4.2010)

»Diejenigen, die behaupten, dass sich in Magdalenka irgendein nationaler Verrat vollzog, leiden unter einem Abwesenheitskomplex: Sie haben einfach keine Rolle bei der Wiedergewinnung der Souveränität Polens gespielt und jetzt versuchen sie der Gesellschaft einzureden, dass Magdalenka und der Runde Tisch Teil eines schwer definierbaren Komplotts gewesen seien.«
Władysław Frasyniuk, ehem. Oppositioneller und letzter politischer Häftling in der Volksrepublik Polen

»Ich würde alle, die den Magdalenka-Gesprächen verschwörerische Eigenschaften zuschreiben, in eine Irrenanstalt schicken. Die Gespräche stehen im Stenogramm und von irgendwelchen geheimen Verhandlungen kann nicht die Rede sein. Ich gebe zu, es hat ein vertrauliches Gespräch gegeben, das sich in keinem Stenogramm befindet: Lech Wałęsa forderte eine unverzügliche Legalisierung der Solidarność-Gewerkschaft. Ich war mir dessen bewusst, dass eine solche Forderung einen Sturm in den Regierungskreisen hervorruft.«
General Czesław Kiszczak, kommunistischer Innenminister, Teilnehmer der Magdalenka-Verhandlungen

zitiert aus: »Focus Historia«, »Boże dary ze stołu generała« 20/12/08

Dass es in Polen keine einheitliche Bewertung der Ereignisse des Jahres 1989 gibt, kam schon zu Beginn des Jubiläumsjahres zum Ausdruck, als am 6. Februar das erste wichtige Datum im Kalender stand: 20 Jahre Beginn der Gespräche am Runden Tisch. Im polnischen Parlament sollte während der Konferenz »Dialog – Kompromiss – Vereinigung« der Verhandlungen zwischen den Kommunisten und der demokratischen Opposition gedacht werden. Am Runden Tisch einigten sich 1989 die beiden Seiten unter anderem auf die Legalisierung der Gewerkschaft Solidarność und die Durchführung der Parlamentswahlen im Juni. Tadeusz Mazowiecki, der erste nicht-kommunistische Regierungschef, bezeichnete während der Konferenz 2009 den Runden Tisch als »Anfang vom Ende des kommunistischen Systems in Europa«. Aleksander Kwaśniewski, Ex-Präsident Polens, sprach von »dem ersten erfolgreichen und unblutigen Nationalaufstand in der polnischen Geschichte«.

Lech Wałęsa, Architekt der damaligen Verhandlungen, lehnte die Einladung zu der Veranstaltung im Parlament indes ab. Der ehemalige Gewerkschaftsführer sagte, der Kompromiss mit der kommunistischen Regierung sei damals einen Schritt zu weit gegangen. Er hätte nach den Rund-Tisch-Gesprächen einen »moralischen Kater« gehabt. Auch Präsident Lech Kaczyński, der ebenso am Runden Tisch mit den Kommunisten paktierte, ignorierte die Einladung zur Jubiläumsfeier. Er ließ seine eigene historische Konferenz im Präsidentenpalais organisieren. Die Teilnehmer sprachen von Pathologien und negativen Folgen des Runden Tisches für die kommenden zwei Dekaden. Der rechtskonservative Politiker Antoni Macierewicz vertrat die Auffassung, die Verhandlungen seien ein »Komplott aus Moskau« und »Verrat des nationalen Interesses« gewesen.

Am 4. Juni 2009 wurde das 20-jährige Jubiläum der ersten »halbfreien« Wahlen groß gefeiert – eben an zwei verschiedenen Orten in Polen: Premierminister Tusk feierte in Krakau, Präsident Kaczyński in Danzig. Ursprünglich sollten sämtliche Feierlichkeiten der Staatsspitze in Danzig stattfinden. Doch mehr als einen Monat vor dem Jahrestag hatten die Danziger Gewerkschafter angekündigt, die geplanten Feierlichkeiten massiv stören zu wollen, weil sie ihre symbolträchtige Werft wegen strenger Subventionierungsvorschriften der EU gefährdet sahen. Deshalb verlegte Ministerpräsident Tusk die zentralen Veranstaltungen zur demokratischen Wende vor 20 Jahren von Danzig nach Krakau. Von Solidarität fehlte jede Spur. Es schien, als hätten Premier und Präsident 1989 auf den jeweils gegenüberliegenden Seiten der Barrikaden gestanden.

Doch nicht nur die Gewerkschafter, auch Präsident Kaczyński selbst war versucht, das historische Datum des 4. Juni in seiner Bedeutung zu demontieren. Er bezweifelte, ob am 4. Juni überhaupt die gewonnene Freiheit bejubelt werden solle. Lech Kaczyński spielte zwar die Bedeutung der Wahlen und deren Einfluss auf die demokratischen Veränderungen in Europa nicht herunter. Er vertrat aber öffentlich die Auffassung, dass sich erst am 12. September, als die erste nicht-kommunistische Regierung des Ostblocks seit dem Zweiten Weltkrieg ihre Arbeit aufnahm, der endgültige Fall des kommunistischen Systems in Polen jährte.

Der politische Streit über die Ereignisse von damals überschattete die Feierlichkeiten und verdarb der Bevölkerung den Spaß am gemeinsamen Jubeln. Kaum jemand wollte noch etwas mit diesem Spektakel zu tun haben. Dem Thema Erinnerung an 1989 wichen viele Menschen lieber aus, obwohl ihnen im Jubiläumsjahr 2009 eine große Auswahl kultureller und historischer Veranstaltungen geboten wurde. Fast jede Kreisstadt erinnerte mit einer Initiative an die Ereignisse vor 20 Jahren. In Warschau dauerte das Fest »Schalte das System aus« zwei Tage lang und ging mit einem großen Rock-Konzert zu Ende. Die nennenswerteste Initiative aus der Zivilgesellschaft hieß »razem 89« (gemeinsam 89) und wurde von zahlreichen Institutionen und Organisationen gefördert. Es verstand sich als eine überregionale Kontaktplattform für Kommunen, Unternehmer, Schulen, Privatpersonen und Kulturzentren, die sich an gemeinsamen Projekten beteiligen wollten. Unter dem Schirm von »razem 89« wurden Dutzende Initiativen und Aktionen realisiert. Mit einer großen Veranstaltungsreihe machte das »Solidarność–Festival« in Danzig Schlagzeilen. Der »Solidarność-Express« zog eine Woche lang mit 250 Teilnehmern aus verschiedenen Ländern durch Orte, die für die Wiedergewinnung der Freiheit wichtig waren. Die Gruppe brach mit dem Zug in Krakau auf und kam am 1. September in Danzig an.

Auch im Ausland versuchte man, an den polnischen Frühling zu erinnern. Im deutschen Auswärtigen Amt wurde eine Konferenz veranstaltet, an der sich unter anderem der deutsche Außenminister Frank-Walter Steinmeier, der Abgeordnete Markus Meckel und der erste demokratisch gewählte und zugleich letzte Ministerpräsident der DDR Lothar de Maizière beteiligten. Die Exposition »Europa – unsere Geschichte«, die aus Brüssel in die Jahrhunderthalle in Wrocław/Breslau gekommen ist, erfreute sich großen Interesses. Sie stellte die Geschichte der Europäischen Union dar und legte einen Schwerpunkt auf das Wendejahr 1989.

Am 12. September 2009 sollte in Polen trotz aller vorherigen Spannungen Einigkeit demonstriert werden. Tadeusz Mazowiecki, der erste nicht-kommunistische Regierungschef im Ostblock, stand an dem Rednerpult im Parlament, an dem jahrzehntelang Kommunisten gegen die demokratische Opposition gehetzt hatten, und zeigte mit erhobener Hand das »Victory«-Zeichen. Der Saal applaudierte wie damals. Nach den durch die politischen Streitigkeiten überschatteten Jubiläen der ersten Rund-Tisch-Gespräche im Februar und der ersten »halbfreien« Wahlen im Juni schienen sich die Politiker am 12. September 2009 überraschend einig zu sein. Nämlich darin, dass der schwierige Prozess der Veränderungen, der das Land in die Nato und die Europäische Union geführt hat, mit der Vereidigung der Mazowiecki–Regierung begonnen hatte.

Der Sejm wollte aus diesem Anlass einen Beschluss fassen und Mazowiecki und seiner Regierung für »historische Reformen« danken. Die oppositionellen Abgeordneten der national-konservativen Partei (PiS) von Jarosław Kaczyński kritisierten den Beschluss, weil er »die dunklen Seiten« nicht berücksichtige: Dem Altpremierminister Mazowiecki wird vorgeworfen, er habe mit vier kommunistischen Ministern (von insgesamt 23 Kabinettsmitgliedern) zusammengearbeitet, und die Wirtschaftsreformen hätten drei Millionen Arbeitslose produziert. Mit den Stimmen der Postkommunisten wurde der Beschluss angenommen. »Diese Regierung war ein großer Schritt zur Einführung der Demokratie«, schrieb Präsident Lech Kaczyński in seinem Gratulationsbrief. Sein Zwillingsbruder Jarosław boykottierte die Feierlichkeiten. »Du wirst immer unser Premier bleiben«, sagte Regierungschef Donald Tusk zu seinem Vorgänger mit Bezug auf den berühmten Spruch »Euer Präsident, unser Premierminister«.

»Die Vergangenheit trennen wir mit einem dicken Strich ab«, hatte Mazowiecki 1989 gesagt. »Wir verantworten uns nur dafür, was wir getan haben, um Polen aus dem Zustand des Zusammenbruchs herauszubringen.« Die Worte vom Schluss-Strich sollten in den darauf folgenden 20 Jahren zum Verhängnis werden. Sie dienten als Gründungsmythos der »Vierten Republik« der Brüder Kaczyński. Die national-konservativen Kreise machten ihren Vorgängern den »dicken Strich« immer wieder zum Vorwurf. Er bedeute den Verzicht auf Entkommunisierung und Bestrafung der für die Verfolgung der demokratischen Opposition verantwortlichen Funktionäre des Regimes. »Eine generelle Aufarbeitung oder gar politische Prozesse fanden nicht statt«, wiederholte Jarosław Kaczyński gerade im Jubiläumsjahr sehr häufig. Während der Gespräche am Runden Tisch hätten die Solidarność-Vertreter mit den Kommunisten einen geheimen Vertrag abgeschlossen und den Verbrechern die Unantastbarkeit garantiert.

Bei der offiziellen Gedenkfeier zum Mauerfall am 9. November in Berlin stieß der frühere polnische Präsident Lech Wałęsa einen der ersten

Mauersteine einer langen Reihe von Dominosteinen aus Styropor an. Es war eine symbolträchtige Geste: Auf dem 2,5 Meter hohen Mauerblock aus Styropor war der Grenzumriss Polens, ein Hammer und der Satz »Es hat in Polen angefangen« zu sehen. »Der Fall der Berliner Mauer hat uns mit effektiven Bildern versorgt, doch alles hat in den polnischen Werften angefangen«, sagte Lech Wałęsa in einem Zeitungsinterview. »Wir haben den Kommunismus gestürzt.« Rund 150 Jugendliche aus Polen begleiteten Wałęsa bei der Domino-Aktion.

Dem Ex-Präsidenten aus Danzig gelang damit am 9. November am Brandenburger Tor, der Welt zu zeigen, dass Polen Vorreiter der demokratischen Veränderungen vor 20 Jahren war – also jene Botschaft, die Polen bereits das ganze Jahr über in Europa und insbesondere in Deutschland zu verbreiten versuchte. Ein wenig kam ihm dabei der Kalender zu Hilfe: Polen feierte am 4. Juni die ersten halbfreien Wahlen, Mitte September erinnerte man sich an den Start der ersten nichtkommunistischen Regierung in Osteuropa. Da sich im Rest des Jahres keine weiteren nennenswerten Ereignisse von 1989 jährten, schloss sich Polen dem Jubel des 9. Novembers in Berlin an. So wurde der Mauerfall, der im polnischen Verständnis doch weniger Bedeutung für den Zusammenbruch des Kommunismus im östlichen Europa hatte als die polnischen Ereignisse, zu einem wichtigen Bestandteil des polnischen Gedenkjahres 2009.

Lech Kaczyński distanzierte sich indes erneut vom 9. November. Am Tag des Mauerfall-Jubiläums sagte der national-konservative Staatspräsident im südpolnischen Nowy Sącz: »Ich will nochmals betonen, dass Polen der Erstling war, dass der 4. Juni und der 12. September 1989 für die Geschichte Europas nicht von einer kleineren Bedeutung sind. Im Gegenteil, diese Daten bedeuten mehr als der 9. November.« Der polnische Regierungschef Donald Tusk jedoch versuchte, nicht mehr die Bedeutung der Ereignisse zu gewichten, sondern sie als logische Abfolge zu betrachten: »Die Freiheit in diesem Teil des Kontinents und die daraus folgende Wiedervereinigung Deutschlands hat 1980 in der Danziger Werft begonnen.«

Experten für deutsch-polnische Beziehungen versuchten im Nachhinein zu erklären, warum die Politiker in Warschau auf den nationalen Egoismus nicht verzichten können. »Man will hierzulande nicht verstehen, dass aus Sicht des alliierten Westens der Mauerfall und die Wiedervereinigung Deutschlands von einer größeren Bedeutung waren als die erste Wahl in Polen«, sagt Professor Andrzej Sakson, Direktor des West-Instituts in Posen. »Durch innenpolitische Streitereien 2009 hat Polen die Chance verpasst, um der Öffentlichkeit zu zeigen, wie wichtig die Ereignisse vom 4. Juni und 12. September vor 20 Jahren für die europäische Geschichte waren.« Professor Sakson fehlten in diesem Jubiläumsjahr gemeinsame deutsch-polnische Feierlichkeiten, die die europäische Einheit ausdrückten.

»Die Realität war nur noch absurd«

Interview mit Waldemar Fydrych (56)

Waldemar »Major« Fydrych ist Gründer der Orangen Alternative, einer studentischen Protest-Bewegung der 80er Jahre. An den damaligen Happenings und Aktionen der Studenten, die sich gegen das kommunistische Regime richteten, beteiligten sich oft mehrere Hundert Teilnehmer. Berühmt wurde sie durch Zwergen-Graffitis an Hauswänden. »Zwerge haben den Kommunismus in Polen gestürzt«, lautete denn auch die Losung der Aktivisten von damals im Jubiläumsjahr 2009.

Warum musste der Kommunismus den Zwergen weichen?

Kann ein System existieren, wenn ein Polizist beim Verhör fragt: »Warum haben Sie sich an der illegalen Zwergenversammlung beteiligt?« Das kommunistische System hatte die Grenze der Absurdität überschritten und ist von selbst gefallen. Die Zwerge haben es nur offengelegt.

Waren es also nicht die Zwerge, die das System gestürzt haben?

Doch, aber indirekt. Wir waren eine Art soft Power mit dem Ziel, die surrealistische Realität zu entblößen, denn der nackte König konnte nicht weiter herrschen.

Wie ist es dazu gekommen?

Um das zu verstehen, muss man sich ins Jahr 1981 versetzen. Der rote General Jaruzelski und die Seinen hatten den Kriegszustand verhängt. Die Alternative dazu konnte nur orange sein. Im Kriegszustand war die

Realität nur noch absurd, und ich verfasste das Manifest des Sozialistischen Surrealismus. Es lautete: Das System ist so absurd, dass es an sich ein Kunstwerk ist. Die neue Richtung in der Kunst basierte auf der hegelschen Dialektik. Ich habe damals entdeckt, dass eine These, zum Beispiel eine an eine Mauer gemalte anti-kommunistische Parole, auf eine Anti-These, etwa einen weißen, aufgepinselten Fleck, der die Aufschrift abdeckt, ablöst. Daraus entstand die Synthese, ein Zwerg. In polnischen Städten hat es damals hunderttausende weiße Flecken gegeben. Ich habe in Breslau angefangen, Zwerge darauf zu malen. Sie sind später von den Mauern auf die Straßen gegangen und haben die Revolution angefangen.

1989 ginge die Revolution zu Ende.

Und die Zwerge haben gewonnen. In der zweiten Hälfte der 80er Jahre haben wir Dutzende Happenings organisiert. Alle Aktionen hatten zum Ziel, das System in den Augen der Bürger und Polizisten bloßzulegen. Fast immer wurden die Happenings von der Miliz aufgelöst. Am Internationalen Frauentag 1988 habe ich Damenbinden, die es nur auf Zuteilung zu kaufen gab, an Passantinnen verteilt. Ich wurde für mehrere Wochen inhaftiert, wegen Landfriedensbruchs. Die Opposition hat die Nachricht darüber sofort ins Ausland geliefert und der ganze Westen lachte über die Regierung, die Menschen wegen der Verteilung von Damenbinden wegsperrt. Am Internationalen Kindertag desselben Jahres wurde in Begleitung von rund 15.000 Teilnehmern die Zwergenrevolution ausgerufen. Ein Jahr danach ging sie zu Ende, mit dem Polizei-Befehl »Alle Zwerge festnehmen!«

Das Regime hat die Orange Alternative bekämpft. Wie gestalteten sich die Beziehungen zur Gewerkschaft Solidarność?

Sie haben uns unterstützt, aber sich von uns distanziert. Unsere Aktionen waren für sie unseriös und albern. Sie haben große Politik gemacht.

Welche Bedeutung hat der 4. Juni 1989 für Sie?

Das war für mich der Tag meiner politischen Niederlage. Nach jahrelanger Aktivität bei der Orangen Alternative beschloss ich, für den gerade entstandenen Senat zu kandidieren, und ich habe verloren. Die Solidarność-Anführer haben mich geschlagen. Ich habe danach Polen verlassen und in Paris eine Karriere als Maler angefangen.

War die Niederlage so bitter, dass sie ausreisen mussten?

Der Grund für meine Ausreise lag woanders. Der eiserne Vorhang verschwand und plötzlich änderte sich die Optik. Ich betrachtete Polen als ein rückständiges Land mit einer traurigen Regierung und riesiger Inflation. Ich wollte weg aus dieser Provinz in eine Welt, die ich nur aus Zeitungen, Büchern und Filmen kannte.

Es war also nicht alles schlimm am 4. Juni?

Natürlich nicht, aber ich bin gegen Pathos und die übertriebene Idealisierung dieses Tages. Für mich war wichtig, dass ich den Reisepass bekommen habe und ausreisen konnte. Das bedeutete für mich Freiheit.

Sie haben einmal gesagt: Die Freiheit ist ein Luxus.

Das stimmt. Polen ist heute in einer komfortablen Lage, denn wir haben einen echten Meinungspluralismus. Es gibt das nationalistisch-radikale »Radio Maryja« und die Links-liberale Zeitung »Gazeta Wyborcza«. Wir können unser Leben selbstbestimmt führen und unsere eigene Meinung und Idole haben. Das alles heißt Demokratie und es ist wunderschön.

Sind sie enttäuscht darüber, was in Polen nach 1989 passiert ist?

Ja und nein. Schließlich haben wir die Politiker, die wir gewählt, also verdient haben. Ich habe aufgehört, Zeitungen zu lesen und fernzusehen. Und das ist auch besser so. Denn: Es ist nach wie vor komisch und es gibt immer genug Stoff für unsere Happenings. Es fehlt aber an Menschen, die das mitmachen wollen.

Aus welchen Gründen?

In den 80er Jahren haben sich die Menschen selbst aktiviert. Sie hatten ihre Ideale und wollten für sie kämpfen. Sie suchten Kontakt. Heute ist es schwer, über Werte zu reden. Nur das Geld zählt. Das Konsumdenken hat alle Bereiche des Lebens erfasst.

Die Orange Alternative hat sich während der Zeit Kaczyńskis wieder aktiviert. Seine Regierung hat ihr offenbar viele Anstöße für die Happenings gegeben...

Ja, die Politiker taten so, als wäre es ihr Ziel gewesen, gehänselt zu werden.

Und die Zwerge zum Schweigen zu bringen.

Das stimmt. Wir veranstalteten in Warschau mehrere regierungskritische Happenings. Nachdem wir den Premierminister heilig und den Justizminister selig gesprochen hatten, wurden die Finanzen des Wahlkomitees »Blödsäcke und Zwerge« unter die Lupe genommen. Die Polizei hat uns gefragt, woher wir Geld für die Wahlkampagne bekommen haben. Sie konnten nicht glauben, dass alles weniger als 150 Euro gekostet hat.

Am 4. Juni 2009 haben die Orangen die alternativen Feierlichkeiten zum 20. Jahrestag organisiert.

Ja, in Toruń. Das waren der sympathischste Jubel in Polen: solidarisch und ohne Streit.

Was sehen Sie in 20 Jahren?

Ich sehe ein Zwergenparadies. Immer mehr Polen glauben einer Umfrage zufolge an Zwerge.

»In der Internet-Ära kann jeder eine Autorität sein«
Interview mit Piotr Gieburowski (22)

Piotr Gieburowski wurde 1988 geboren. Er studiert Informatik.

Wie haben Sie das Jubiläumsjahr 2009 erlebt?

Ich sage es ganz direkt: Es war mir egal. Ich hatte gar keine Ahnung, dass so ein Jubiläum begangen wird. Das einzige, was ich von den Feierlichkeiten mitbekommen habe, war die Debatte, welches Ereignis wichtiger war: der Berliner Mauerfall oder die Wahlen in Polen am 4. Juni. Vom Konflikt zwischen unserem Präsidenten und Prämier will ich nichts hören.

Was wissen Sie über den Kommunismus?

Die Wirklichkeit vor 1989 kenne ich aus Filmen. Ich kann mich gut an die Bilder des Regisseurs Stanislaw Bareja, der in den 70er Jahren viele Komödien gedreht hat, erinnern. Die Filme waren sehr suggestiv und ironisch und zeigten eine absurde Realität. Diese Filme, die die Absurditäten im Kommunismus bloßstellen, haben meine Vorstellung über damals geprägt. Ich habe diese Zeit einfach nie ernst genommen. Wenn ich an die kommunistische Zeit denke, ist das erste, was mir einfällt, der Mangel: an Freiheiten, Privateigentum, Versorgung. Alles, was es gegeben hat, war Rückstand.

Denken Sie, dass diese Zeit heute überwunden ist?

Das vom Kommunismus infizierte Blut fließt auch heute noch, beispielsweise in den Adern der Beamten in staatlichen Institutionen oder im Sekretariat meiner Schule. Da herrschen frustrierte Frauen, die ihre angebliche Macht demonstrieren. Das wird sich hoffentlich ändern, wenn die in Rente gehen und junge Leute ohne die Gewohnheiten aus der Zeit des Kommunismus kommen.

Engagieren Sie sich politisch oder sozial?

Für Politik interessiere ich mich überhaupt nicht. Der Staat und die Regierung existieren irgendwo außhalb meiner selbst. Ich erwarte nichts von ihnen und weiß, dass man in Polen auf sich selbst angewiesen ist. Ich habe keine gute Meinung über die Politiker. Trotzdem gehe ich wählen. Ich stimme immer so ab wie meine Eltern.

Als wer fühlen Sie sich heute: als Pole, als Europäer?

Patriotismus ist mir, ehrlich gesagt, ganz egal und beschränkt sich auf Sport. Ich lasse an nationalen Feiertagen weder weiß-rote Fahne aus dem Balkon hängen, noch gehe ich zur Kranzniederlegung an einem Denkmal. Mich ärgert diese aufgeblasene Rederei über Patriotismus und Nationalgefühle. An jedem Tag jährt sich irgendein Ereignis aus der qualvollen Geschichte Polens. Je tragischer das Datum, umso übertriebener quatschen die Politiker.

Wie sollte Ihrer Meinung nach der Staat funktionieren? Wie autoritär sollte die Staatsführung sein?

Ich brauche keine Autoritäten. In der Internet-Ära kann jeder eine Autorität sein. Früher konnte man nur die Großen und Berühmten kennen lernen. Jetzt kann ich die Leute bewundern, die keinen bekannten Namen haben und irgendwo am Ende der Welt stecken. Auf jeden Fall aber waren meine Eltern Autoritäten für mich.

Wie haben denn Ihre Eltern Ihr Leben beeinflusst?

Ich mache mir Gedanken darüber, ob ich ein Leben als Erwachsener überhaupt schaffe. Ehrlich gesagt, bin ich etwas verwöhnt. Viele von meinen alten Kollegen aus der Grundschule oder dem Gymnasium mussten seit der Kindheit kämpfen. Manche befanden sich wirklich in einer schwierigen Situation, denn sie waren gezwungen, ihre Familie finanziell zu unterstützen. Meine Eltern haben Geld, und ich mache mir keine Sorgen über den Alltag. Mit ihnen rede ich von Zeit zur Zeit.

Womit wollen Sie sich Ihr Leben einmal finanzieren?

Nach dem Abitur arbeitete ich in einem Supermarkt. Eigentlich musste ich nicht, ich wollte aber meinen Eltern und meiner Freundin beweisen, dass ich kein Faulenzer bin. Ich wurde innerhalb von fünf Minuten eingestellt und nach einem Monat wegen Krankheit entlassen. Derzeit arbeite ich zu Hause. Ich beschäftige mich mit Computer-Grafiken und bekomme schon Aufträge von Kunden. Im vergangenen Sommer habe ich zwei Monate lang in London geschuftet. Es war schwer, so ohne Ausbildung und Beruf. Die Briten haben uns nicht respektiert. Da habe ich beschlossen, nach Hause zurückzukehren und ernsthaft eine Ausbildung anzufangen. Aber noch fühle ich mich zu jung, um mich um so etwas wie meine berufliche Karriere wirklich zu kümmern.

Wie sehen Sie Ihre Zukunft?

Ich denke nicht allzu sehr daran. Ich gestalte jetzt mein Leben. Natürlich habe ich Träume, aber die erfüllen sich nicht sehr oft, da bleibe ich realistisch. In zehn Jahren bin ich auf jeden Fall mit meiner Freundin verheiratet. Das haben wir uns versprochen. Vor einem Monat haben wir uns verlobt.

RUMÄNIEN

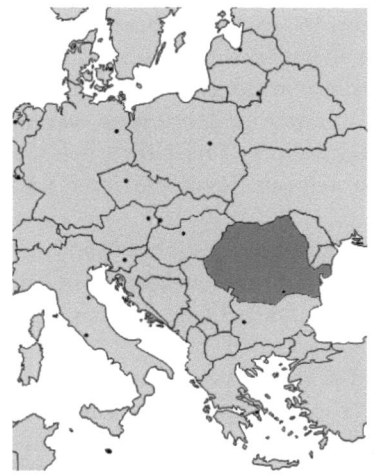

Revolution oder Putsch?

Von Alex Gröblacher

Bis etwa Mitte Dezember 2009 hatte die Berichterstattung rumänischer Medien über die 20. Jährung des Sturzes des Kommunismus kaum Chancen, sich gegen eine starke Konkurrenz durchzusetzen: Rumänien wurde von der internationalen Finanz- und Wirtschaftskrise erfasst. Das Land steckte in einer tiefen politischen Krise, in der Präsident und Oppositionsparteien um die Macht kämpften. Und schließlich bestimmten die Europawahlen im Frühsommer und anschließend die Präsidentschaftswahl die Berichterstattung in den Medien.

Dennoch kamen die Revolution und die Erinnerung daran zumindest sporadisch in der Berichterstattung Anfang und Mitte des Jahres vor. Immerhin gab es einige Zeitungen und Internetportale, die aus diesem Anlass ihren Lesern spezielle Angebote machten: So organisierte das Online-Nachrichtenportal hotnews.ro im Mai einen Filmwettbewerb zum Thema »Heute in Rumänien – 20 Jahre später«, bei dem die Nutzer des Portals Videobeiträge einschicken und Preise von insgesamt rund 900 Euro gewinnen konnten. Die Filme der jungen Gewinner wurden anschließend auch beim internationalen Filmfestival TIFF in Cluj-Napoca gezeigt. Die drei besten Kurzfilme, die auch auf dem Videoportal youtube.com im Internet zu sehen sind, setzten sich mit dem Gegensatz zwischen damals und heute auseinander.

Die Bukarester Tageszeitung Jurnalul Național brachte seit Anfang des Jahres als Beilage zum Blatt Sonderausgaben der früheren kommunistischen Parteizeitung Scînteia heraus. Chefredakteur Marius Tucă schrieb in seinem Leitartikel zum Auftakt des Projekts, es gehe dabei um »eine Zeitung, die alle Ereignisse und Zeugnisse abdruckt, die damals nicht abgedruckt werden konnten; eine Zeitung, die von jungen Menschen gemacht wird, von denen die meisten 1989 nur wenige Jahre jung waren; eine Zeitung von damals, die heute gemacht wird«. Tatsächlich ließ die aktuelle Scînteia die damaligen Ereignisse kritisch Revue passieren und kommentierte sie bitter-ironisch.

Der Fernsehsender Kanal D ging bis zum Dezember des Jahres 2009 mit 20 Porträts von prominenten und weniger prominenten Menschen auf Sendung, die die postrevolutionäre Gegenwart entscheidend prägten – das Projekt nannte sich »20 nach 20 Jahren«.

Die Tageszeitung România Liberă fasste in der Artikelreihe »20 Jahre danach« Beiträge aus dem gesamten osteuropäischen Raum zusammen, konzentrierte sich dabei allerdings auf Rumänien und ließ auch die Leser mit ihren Antworten auf die Frage, was sich in den letzten 20 Jahren verändert habe, zu Wort kommen: »Ja, etwas hat sich durchaus verändert: Es sind nicht mehr die Leute des Diktators Nicolae Ceaușescu, die das Sagen haben, sondern ihre Söhne und Enkel«, höhnte ein Leser in einem Kommentar.

In einer langen Artikelreihe widmete sich auch die Tageszeitung Adevărul dem Thema Revolution: Sie trug in Diskussionen mit Zeitzeugen die vielen Puzzleteile zusammen, die ein Bild der Revolution ergeben, und ordnete sie chronologisch vom Beginn der Straßenunruhen in Timișoara über die Hinrichtung der Ceaușescus bis zu dem anschließenden Machtpoker. Die detailreiche Rekonstruktion der Ereignisse warf für den aufmerksamen Leser jedoch mehr Fragen auf, als sie beantwortete – zum Beispiel über die Rolle, die die Geheimpolizei Securitate spielte.

Generell kritisierten die meisten Medien, dass selbst nach 20 Jahren die Umstände, unter denen es im Dezember 1989 zum Sturz des Kommunismus in Rumänien kam, nach wie vor unklar sind. Mit dem Ablauf des Umsturzes befasste sich beispielsweise der Historiker Alex Mihai Stoenescu, dessen Buch über die »Chronologie der Ereignisse im Dezember 1989« im Bukarester RAO-Verlag erschienen ist. In der Tageszeitung Ziarul Financiar veröffentlichte der Autor Leseproben: »Im Dezember 1989 gab es keinen allgemeinen Aufstand der regimesatten Rumänen zur Befreiung vom Kommunismus. Es trat zunächst eine substantielle politische Veränderung in der Sowjetunion ein. (…) Angesichts des Widerstands von Nicolae Ceaușescu intervenierte die UdSSR in Rumänien mit unkonventionellen Mitteln«, zitierte die Zeitung den Geschichtswissenschaftler.

Den internationalen Kontext erörterte auch die in Bukarest erscheinende rumänisch-sprachige Zeitschrift Foreign Policy (FP). Wie überraschend der Umsturz in Rumänien gewesen ist, soll ein von der FP entdecktes Papier der amerikanischen CIA zeigen. Die Notiz des US-Geheimdienstes trägt das Datum des 29. November 1989 und galt der Vorbereitung des Treffens zwischen Ronald Reagan und Michail Gorbatschow in Malta am 2. und 3. Dezember 1989: »In Rumänien, der letzten Bastion der Ultra-Orthodoxie innerhalb des Warschauer Paktes, hat der letzte Kongress der Partei einstimmig Präsident Ceaușescu wiedergewählt, der jede politische und wirtschaftliche Reform nach osteuropäischem Modell streng ablehnte. Der Boykott dieses Ereignisses durch die Botschafter der westlichen Länder spiegelt die steigende internationale Isolation Rumäniens wider. Trotz kontinuierlicher Verschlechterung der Wirtschaftslage und Ceaușescus sinkender Popularität gibt es keinen glaubwürdigen Gegenkandidaten; das ist auch wenig wahrscheinlich, solange Ceaușescu nicht die Bühne räumt.« Knappe zwei Wochen später gingen die Menschen im westrumänischen Timișoara auf die Straße, die Revolution begann.

Chronologie eines Umsturzes

Was sich in Rumänien im Dezember 1989 zugetragen hat, wird heute allgemein als Verkettung mehr oder weniger spontaner Ereignisse gesehen, deren heiße Phase am 15. Dezember in Timișoara begann.

15. Dezember: Gegen Abend versuchen die Behörden den regimekritischen Pastor Laszlo Tőkés aus seinem Pfarrhaus in Timișoara zu evakuieren. Rund 200 Menschen finden sich vor dem Haus ein und demonstrieren dagegen. Der Bürgermeister verspricht, den Beschluss rückgängig zu machen. Die Menge verstreut sich.

16. Dezember: Schon am frühen Morgen versammeln sich wieder Menschen vor dem Pfarrhaus in Timișoara. Die Zahl der Demonstranten wächst auf rund 1.000 an. Die Menge stürmt den Regionalsitz der Kommunistischen Partei (KP). An mehreren Orten der Stadt gibt es Auseinandersetzungen zwischen Demonstranten und Ordnungskräften, es kommt zu Verhaftungen.

17. Dezember: Protestler versammeln sich an der Kirche in Timișoara und auf dem Opernplatz. An mehreren Orten geht das Militär in Stellung. Der Parteisitz wird erneut gestürmt, die dort postierten Soldaten ziehen sich unter dem Druck der Menge zurück. Panzer rollen an. In der Stadt fordern Straßenkämpfe zwischen Militär und Demonstranten die ersten Opfer.

18. Dezember: Trotz der brenzligen Lage tritt Staatschef Nicolae Ceaușescu einen Besuch im Iran an. In seiner Abwesenheit wird der Ausnahmezustand in Timișoara ausgerufen. Die Securitate schießt auf Demonstranten, Menschen werden verhaftet.

19. Dezember: Die Belegschaften der großen Industriebetriebe in Timișoara streiken spontan und errichten Barrikaden. Die daraufhin vor den Fabriken in Stellung gegangenen Militärverbände und Panzer ziehen wieder ab, nachdem Schlichtungsversuche des Bürgermeisters und der Partei fehlgeschlagen sind.

20. Dezember: Am Vormittag versammeln sich etwa 20.000 Demonstranten auf dem Opernplatz. Soldaten der Armee und der Securitate verweigern die Schießbefehle, die Offiziere flüchten. Ministerpräsident Constantin Dăscălescu will zu den Demonstranten sprechen, wird aber ausgepfiffen. Nicolae Ceaușescu, inzwischen wieder aus Teheran zurück, gibt in einer Fernsehansprache ausländischen Geheimdiensten die Schuld an den Unruhen.

Die Frage, ob im Dezember 1989 eine Revolution oder ein Putsch der zweiten Riege der Kommunistischen Partei stattgefunden hat, ist noch immer nicht entschieden, da die Wahrheitsfindung kompliziert ist – so das Fazit vieler von verschiedenen Journalisten interviewten Wissenschaftler. Bei einem Rund-Tisch-Gespräch des Instituts für die Rumänische Revolution vom Dezember (IRDD) – so berichtete beispielsweise die Adevărul – »beklagten die meisten Forscher, dass Dokumente fehlen oder der Zugang zu den existierenden Unterlagen begrenzt ist oder ganz versperrt bleibt, was die wissenschaftliche Diskussion stark erschwert. Daher ziehen es Historiker vor, den Zeitpunkt abzuwarten, zu dem sie unbegrenzten Zugriff auf Beweise haben.«

Während die Historiker wissenschaftlichen Anforderungen gerecht werden müssen, gingen Journalisten in Rumänien etwas freier mit dem Thema um. Der Publizist und Exilschriftsteller Radu Portocală (Jahrgang 1951, 1977 ausgewandert) meldete auf seinem persönlichen Blog die Erscheinung seines neusten Buches über die Revolution im prestigeträchtigen Larousse-Verlagshaus in Paris. Nach einem ersten Band über die Revolution im Pariser Verlag Calmann-Lévy, »Autopsie du coup d'État roumain« (Obduktion des rumänischen Staatsstreichs) waren die Redakteure von Larousse an Portocală mit dem Angebot herangetreten, er solle doch die Ereignisse mithilfe der Erkenntnisse aus den verstrichenen 20 Jahren erörtern.

Der Publizist zögerte mehrere Wochen, bis er dem Auftrag zustimmte, »wegen der Undurchsichtigkeit der Archive und der unvollständigen und uneindeutigen Ermittlungen«, so der Autor in seinem Blog. Portocală weiter: »Ich habe dann den ganzen Frühling unerfreuliche Wochen inmitten des riesigen Lügengestrüpps verbracht, das es zu rekonstruieren und zu entziffern galt. Wochen tiefster Empörung angesichts der zynischen Barbarei der Strippenzieher, die geglaubt haben, dass ihr Handeln nur durch Blut zu legitimieren sei. Wochen der Bitterkeit, als mir klar wurde, was aus der damaligen Hoffnung wurde.« Portocală zieht dabei die Bilanz eines trompe-l'œil, einer optischen Illusion. Der Band »L'execution des Ceauşescu. La vérité sur une révolution en trompe-l'œil« (Die Hinrichtung der Ceauşescus. Die Wahrheit einer Revolution im trompe-l'œil) erschien im Oktober in Frankreich.

Mit der Hinrichtung des Diktatoren-Ehepaars Ceauşescu am 25. Dezember endete der rumänischer Umsturz. Revolution oder Putsch – diese Frage stellt sich auch heute noch bei der Betrachtung der damaligen Ereignisse.

21. Dezember: Ceauşescu verurteilt vor einer Großkundgebung in Bukarest die Ereignisse in Timişoara. Die Parteifunktionäre können den Unmut der Masse nicht mehr kontrollieren – Ceauşescu wird ausgebuht. Tausende Menschen errichten Barrikaden im Stadtzentrum und liefern sich Straßenkämpfe mit Armee, Miliz und Securitate. Proteste werden jetzt auch aus anderen Großstädten gemeldet.

22. Dezember: Die Menge stürmt den Sitz des Zentralkomitees der KPR. Die Armee räumt ihre Stellungen, nachdem Verteidigungsminister Vasili Mila sich das Leben genommen hat. Nicolae Ceaușescu und seine Frau Elena flüchten mit einem Hubschrauber vom Dach des ZK. Die Demonstranten nehmen die Gebäude des Rundfunks ein, verkünden die Flucht der Ceaușescus und damit den Sieg der Revolution. Am Abend werden die Ceaușescus bei Tîrgoviște aufgegriffen und in einer Militärkaserne festgehalten.

23. Dezember: Unbekannte Scharfschützen schießen in Bukarest und anderen Städten auf die Menschenmenge auf dem Platz des Zentralkomitees. Armee und Securitate, die sich inzwischen auf die Seite der Revolutionäre geschlagen haben, schießen zurück. Bürger bekommen Schusswaffen. Im allgemeinen Chaos geraten verstreute Einheiten der Armee und der Securitate in zum Teil heftige Schusswechsel, viele Soldaten sterben.

24. Dezember: Die Straßenkämpfe in Bukarest und anderen Städten dauern an. Überall werden Menschen getötet, die Krankenhäuser sind überfüllt. Man spricht von Terroristen, die gegen die Revolution kämpfen. Das Fernsehen verbreitet Gerüchte über verseuchte Trinkwasserreserven und sorgt so für noch mehr Panik. Die Nationale Rettungsfront unter Ion Iliescu, die im entstandenen Vakuum die Macht übernommen hat, beschließt, die Ceaușescus vor ein improvisiertes Militärgericht zu stellen und zu verurteilen – nur so könne die Ordnung wieder hergestellt werden.

25. Dezember: Nach einem kurzen Prozess werden die Ceaușescus am 1. Weihnachtstag hingerichtet. In den Städten kehrt allmählich wieder Ordnung ein, die Waffen werden abgegeben, Armee und Securitate ziehen ab. Jetzt beg innt die politische Phase des Umsturzes.

Die Vielzahl der in den vergangenen 20 Jahren kursierenden Szenarien, Theorien und Gerüchte über den Dezember 1989 verunsichern die Bevölkerung. Die Tageszeitung Jurnalul Național veröffentlichte im Spätherbst 2009 die Ergebnisse einer Umfrage des Meinungsforschungsinstituts

CURS. Danach ist die Meinung der Bürger zwar stark polarisiert, tendenziell nimmt aber der Anteil jener zu, die denken, dass im Dezember 1989 eine Revolution stattgefunden hat. CURS-Geschäftsführer Cătălin Augustin Stoica schrieb in Jurnalul Național, dass sich die Zahl der Menschen, die an einen Putsch glauben, zwischen 1999 und 2009 kaum relevant geändert habe. Rund 36 Prozent, mehr als ein Drittel der Befragten, vertreten diese Meinung. Dafür habe die Zahl der Anhänger der Revolutionstheorie um sieben Prozentpunkte zugenommen: 47 Prozent sind es heute, 40 Prozent waren es im Jahr 1999 bei einer ähnlichen Umfrage desselben Instituts. Stoica erklärte die zunehmende Neigung zur Revolutionsidee u.a. damit, dass immer mehr junge Menschen, die die damaligen Ereignisse nicht selbst erlebt haben, mit der Geschichte eher abstrakt umgehen und weniger am Thema interessiert sind.

Zahlreiche Medien setzten die Aufarbeitung der Revolution – wenn sie denn eine war – in den breiteren Kontext der Auseinandersetzung mit dem Totalitarismus in Rumänien. Ein Großteil der Presse kritisierte u.a., dass es die Gesellschaft in den vergangenen 20 Jahren versäumt habe, die kommunistische Vergangenheit aufzuarbeiten.

Dabei war es häufig der Film, der die Aufarbeitung von Revolution und Kommunismus vorantrieb. Die Problematik wurde bereits in den vergangenen Jahren in vielfach prämierten Kinoprojekten behandelt. Filme wie »4 Monate, 3 Wochen und 2 Tage« (2007, Regie: Cristian Mungiu), »Wie ich das Ende der Welt erlebte« (2006, Regie: Cătălin Mitulescu), »War sie eine oder war sie keine?« (2006, Regie: Corneliu Porumboiu, in Deutschland unter dem Titel »12:08 Östlich von Bukarest« gelaufen) und »Das Papier wird blau« (2006, Regie: Radu Muntean) erlangten internationale Aufmerksamkeit und gewannen mehrere Preise.

Im Herbst 2009 setzte Filmemacher Cristian Mungiu mit dem humorvollen Zwei-Teiler »Erinnerungen aus der Goldenen Epoche« nach. Die Kurzfilm-Collage, an der neben Mungiu auch andere Regisseure wie Hanno Höfer arbeiteten, setzt sich ironisch mit bekannten Großstadtlegenden und modernen Mythen aus dem Kommunismus auseinander. Mungiu selbst distanzierte sich von der Idee, dass es sich bei diesem Film um einen Aufarbeitungsversuch handele: Er sei lediglich »eine Komödie mit tatsächlichen Ereignissen aus den 1980er Jahren«. Allein deshalb könne er aber kaum als Film über den Kommunismus gelten, sagte der Regisseur in einem Interview mit der rumänischen Presseagentur Mediafax.

Wie unterschiedlich das Verständnis von einer Aufarbeitung der kommunistischen Vergangenheit in Rumänien ist, zeigten im Verlaufe des Jahres 2009 mehrere Ereignisse. Sie wurden in der Presse ausführlich kommentiert – als eine ganz andere Art, die Erinnerung an 1989 wachzurufen.

So pöbelte Staatspräsident Traian Băsescu bei einem Treffen mit einer Organisation der Revolutionsbeteiligten und der Generalstaatsanwaltschaft die Behördenleiterin Laura Codruța Kövesi medienwirksam an: Er warf ihrer Behörde die Unfähigkeit vor, die »Schuldigen für die Toten und Verletzten der Revolution vor Gericht zu bringen«. Dabei verlangte der Präsident, dass Kövesi den früher im Fall ermittelnden Militärstaatsanwalt Dan Voinea aus dem Ruhestand heraus wieder mit der Kausa beauftragt – was sie allerdings ablehnte. Die Tageszeitung Evenimentul Zilei zitierte Kövesi mit der Aussage, »auf das Konto Voineas gingen nicht nur Verzögerungen der Ermittlungen, sondern auch prozessuale Fehler, die dann zu einer Einstellung des Verfahrens gegen mehrere Beschuldigte führten«.

General Victor Athanasie Stănculescu, der im Oktober 2008 wegen des Schießbefehls auf Demonstranten in Timișoara rechtskräftig zu 15 Jahren Gefängnis verurteilt wurde, bekam im März 2009 aus gesundheitlichen Gründen Hafturlaub. Anfang September tauchte er in einem Spielkasino auf. Das Nachrichtenportal hotnews.ro war dem Tipp eines Lesers nachgegangen und hatte Stănculescu zur Rede gestellt – der General »verhöhnte und bedrohte« die Journalisten, schrieb das Portal. Inzwischen hat Stănculescu seine Haft wieder angetreten.

Der laxe Umgang der Justiz mit den mutmaßlichen Tätern von damals brachte Rumänien zwei Verurteilungen vor dem Europäischen Gerichtshof für Menschenrechte ein. Die Straßburger Richter stellten fest, dass die rumänische Justiz in den Strafverfahren zur Aufklärung von Todes- und Verletzungsfällen vom Dezember 1989 nicht zügig genug arbeitet.

Eine intensive – wenn auch kurzlebige – Debatte über die brutal-perfiden Methoden der Securitate bei der Verfolgung von Regimegegnern rief die Verleihung des Nobel-Literaturpreises an die deutsche Schriftstellerin Herta Müller hervor. Die in Rumänien geborene Autorin und Dissidentin musste unter dem steigenden Druck der kommunistischen Geheimpolizei 1987 nach Deutschland aussiedeln. Sie setzte sich in vielen Romanen und Aufsätzen mit dieser traumatischen Erfahrung auseinander. Die Kulturzeitschrift Observatorul Cultural druckte im Oktober mehrere Artikel zum Thema und schrieb, dass »ihre Bücher, die so klar und gleichzeitig so nuanciert von der moralischen Misere des rumänischen Kommunismus und Postkommunismus handeln«, nicht mehr ignoriert werden können, so wie es bislang der Fall gewesen sei.

Mit einer nüchternen Analyse der vergangenen 20 Jahre glänzte der Autor Dan Ungureanu in der Zeitschrift Cultura. Sein Urteil nach einer vergleichenden Untersuchung der verschiedensten gesellschaftlichen Teilbereiche 1989 und 2009 fällt gnadenlos aus und steht wie ein Motto über dem Erinnerungsjahr 2009 in Rumänien: »Je mehr sich verändert, desto mehr gleicht sich alles.«

»Es war das reinste Chaos«
Interview mit Claudiu Baciu (38)

Claudiu Baciu war zum Zeitpunkt der Revolution etwas über 18 Jahre alt und diente als Soldat in einer Militäreinheit in Ploieşti, 60 Kilometer nördlich seiner Heimatstadt Bukarest.

Wie war die Atmosphäre damals? Was haben Sie in den Revolutionstagen erlebt?

Wir wussten, dass etwas passiert, aber nicht genau, was. Kameraden von uns waren vom Heimurlaub aus Timişoara zurückgekommen und erzählten uns, dass es dort Unruhen gibt, mit Toten und Verletzten. Ich selbst war beim letzten Ausgang in Bukarest Anfang Dezember überrascht, wie viele Milizionäre auf den Straßen waren. Am 20. Dezember erschien dann Staatschef Nikolae Ceauşescu im Fernsehen und bestätigte, was in Timişoara passiert war. Am 21. Dezember, nachdem Ceauşescu bei einer Demonstration ausgepfiffen wurde und es in Bukarest zu Straßenkämpfen kam, wurden wir in höchsten Alarmzustand versetzt – es war, glaube ich, die Vorstufe vor Kriegsalarm.

Hat man Ihnen Munition ausgegeben?

Alles, was zur normalen Kampfausrüstung gehört: Maschinenpistolen, scharfe Munition, Bajonett, Schutzhelm. Nur Granaten hatten wir nicht – glaube ich. Gesagt hat man uns aber nichts, wir tappten im Dunkeln. In der Nacht hatten wir in voller Montur zu schlafen, obwohl an Schlafen kaum zu denken war.

Was passierte dann?

Am nächsten Morgen, gegen 4 Uhr, gab es wieder Alarm. Eine Kolonne Armeelaster war vorgefahren, wir mussten mehrmals auf- und wieder absitzen, aber gegen 7 Uhr wurden wir in die Stadt gefahren, wo wir auf dem großen Platz vor dem Zentralkomitee der Partei in Stellung gingen. Hinter unserer Abriegelung standen Soldaten der Securitate und hinter ihnen dann viele Zivilisten – wahrscheinlich Geheimdienstler in Zivil. Das war richtig unheimlich – der Platz war nämlich, anders als üblich, vollkommen leergefegt. Nach einigen Stunden vernahmen wir ein Raunen und Rauschen, das ständig lauter wurde. Und dann sahen wir eine riesige Menschenmenge, die sich auf uns zu bewegte.

Was haben Sie da empfunden?

Ganz salopp gesagt: Wir hatten die Hosen voll. Einer der Soldaten wurde sogar ohnmächtig. Unser Leutnant behielt aber einen kühlen Kopf und trichterte uns ständig ein: »Auf keinen Fall schießen, was immer auch passiert, auf keinen Fall schießen!« Er gab dann den Befehl, die vollen Magazine gegen leere einzutauschen und die Bajonette abzunehmen – heimlich, so dass die Geheimdienstleute keinen Wind davon bekamen.

Waren die Demonstranten aggressiv?

Auf keinen Fall. Sie riefen nur Losungen, darunter eben auch immer wieder »keine Gewalt«. Wir standen zunächst einmal nur einander gegenüber, die Menge und wir. Man kam sich aber langsam näher, die Leute gaben uns Zigaretten und Brot. Und dann erschien jemand auf dem Balkon des ZK und rief etwas wie »Euer Befehlshaber ist tot!«

...das war der Verteidigungsminister, Vasile Milea.

Genau. Nach einiger Zeit kam dann die Nachricht von der Flucht der Ceaușescus. Die Geheimdienstler waren plötzlich wie vom Erdboden verschluckt. Wir wurden zurück in die Kaserne beordert – und dann kam der aufregendste Moment meines Lebens. Die Menge hatte nämlich einen Korridor gebildet, durch den wir zu den wartenden LKWs mussten. Alle riefen »Die Armee ist auf unserer Seite«, sie warfen Blumen auf uns, nahmen uns in die Arme. Wirklich einzigartig!

Und das war's?

Nicht ganz. Zurück in der Kaserne, mussten wir Waffen und Munition abgeben. Dort holten wir die Bilder von Ceauşescu aus ihren Rahmen und zerbrachen sie, wir waren ja auch froh, ihn losgeworden zu sein. Dann schien wieder Ruhe zu sein – aber es war eben nur die Ruhe vor dem Sturm. Das Fernsehen brachte Nachrichten über Straßenkämpfe mit konterrevolutionären Terroristen und versprengten Securitate-Verbänden, es hieß, das Trinkwasser sei verseucht. Das reinste Durcheinander war ausgebrochen. In Ploieşti kursierte überdies das Gerücht, dass die Terroristen die Raffinerien in die Luft jagen wollten. Am Abend wurden bei uns dann Militärstreifen gebildet, die wichtige Ziele bewachen sollten.

Wo waren Sie zu der Zeit?

Ich wurde einem kleinen Kommando mit ein Paar Soldaten und einem blutjungen Unteroffizier zugeteilt. Wir mussten bei einem Wasserwerk am Stadtrand von Ploieşti in Richtung Bukarest Stellung beziehen. In der Nacht sahen wir überall Gefechtsfeuer aufleuchten – oder vielleicht bildeten wir uns das auch nur ein. Dann wurden wir wieder abgezogen.

Zurück in die Kaserne?

Nein. Zu einem Wasserturm. Wir gingen dort stundenlang Streife, bis gegen Abend. Dann musste ich oben auf dem Turm eine Maschinengewehrstellung beziehen – und das ging fast tragisch aus.

Wieso? Wurden Sie doch noch angegriffen?

Nein. Aber wir hatten alle seit weit über 48 Stunden kaum geschlafen oder gegessen. Wir waren wirklich am Rande unserer Kräfte. Oben auf dem Turm war es richtig kalt und windig, mein einziger Schutz war eine Zeltplane. Am frühen Morgen des 24. Dezember passierte es dann – meine Phantasie gab der Erschöpfung nach, ich glaubte zu sehen, dass meine Kameraden unten angegriffen werden. Eine Halluzination. Aber ich gab eben darauf 14 Schuss ab, die dort unten gingen schnell in Deckung, so dass nichts passierte. Nach dem Vorfall kam ich ins Krankenhaus, wo ich dann am nächsten Tag auch von der Hinrichtung der Ceauşescus hörte. Später wurde ich dann zum normalen Kasernenwachdienst eingeteilt – bis zu meiner Entlassung vom Militär im Frühsommer 1990.

Haben Sie sich damals auf solche Einsätze vorbereitet gefühlt?

Kaum – die meisten von uns hatten den Herbst nicht auf Übungsplätzen verbracht, sondern auf den Feldern, wo wir den Bauern bei der Ernte halfen. Wir hatten aber zumindest einige Schießübungen hinter uns. Andere Soldaten waren nur Sportler, die ihre Pflichtzeit beim Militär absitzen mussten. Tragische Unfälle waren vorprogrammiert. Ein solcher Sportlersoldat schoss zum Beispiel seinem Kameraden in den Hals, als er nach seiner ungesicherten Maschinenpistole griff. Das war, denke ich, der einzige Todesfall in unserer Einheit.

»Die Generation 1989 will keinen Kommunismus«

Interview Maria-Gabriela Iordăchioaia (21)

Maria-Gabriela Iordăchioaia, im November 1989 in Bacau in Ostrumänien geboren, studiert Elektrotechnik an der Bukarester Polytechnischen Universität und jobbt bei einer Firma in der rumänischen Hauptstadt.

Sie waren zum Zeitpunkt der Revolution gerade einen Monat alt. Was fällt Ihnen zum 20. Jahrestag ein – interessiert Sie das überhaupt?

Es interessiert mich schon, was damals im Dezember 1989 und im Vorfeld passierte – obwohl ich selbst nichts mitbekommen konnte. Im Laufe der Jahre habe ich mich aber immer wieder mit dem Thema auseinander gesetzt, umso mehr jetzt, da zum 20. Jahrestag der Revolution die vielen Bilder und Filme im Fernsehen und die vielen Zeitungsartikel erscheinen. Man kann sich all dem heute ja kaum noch entziehen.

Was wissen Sie über die Zeit vor 1989?

Es ist in den vergangenen zwei Jahrzehnten enorm viel gesagt und geschrieben worden über die Revolution vom Dezember 1989 – Wahres und Unwahres gleichermaßen. Aber es gibt nach wie vor genauso viel Bedarf, die Wahrheit zu erfahren. Vieles muss noch aufgeklärt werden. So sind wir selbst nach 20 Jahren immer noch außerstande zu verstehen, was genau sich damals zugetragen hat. Es drängen sich Fragen auf, für die niemand eine richtige Antwort hat. Um nur ein Beispiel zu nennen: Warum sind im Dezember 1989 so viele Menschen gestorben?

Wie wichtig ist es für Sie, dass Schuldige zur Verantwortung gezogen werden?

Es wäre meiner Meinung nach absurd, die Schuld für alles, was damals geschehen ist, einzelnen Menschen oder Gruppen zuzuschieben. Was damals passiert ist, ist eben passiert – es ist unsere Vergangenheit. Wir müssen das endlich akzeptieren und dazu stehen, damit wir uns den aktuellen Fragen, den Problemen in Verwaltung und Wirtschaft stellen können – die sind sowieso kompliziert genug.

Konnten Sie sich aus den vielen, mehr oder weniger fundierten Informationen, die Sie im Verlauf der Jahre gesammelt haben, ein Bild über die Revolution machen? Was hat sich damals Ihres Erachtens zugetragen?

Für mich war die Revolution ein Kraftakt der rumänischen Bevölkerung. Wir haben in dieser gewaltigen Anstrengung im Dezember 1989 gezeigt, was in uns steckt. Und wir haben damals durch diesen Befreiungsmoment die Weichen für eine Zeit gestellt, wo wir unsere eigenen Entscheidungen frei treffen und Verantwortung dafür tragen können.

Interessieren Sie sich heute für das politische Geschehen? Gehen Sie wählen?

Ja, selbstverständlich, ich lasse mir das nicht nehmen – das ist eine Möglichkeit für uns junge Menschen, die Zukunft mitzubestimmen und für ein besseres Leben zu sorgen.

Wird in Ihrem Freundeskreis über die damaligen Ereignisse gesprochen, oder vielleicht auch nur über die Vergangenheit im Kommunismus?

Das gehört zwar nicht vordergründig zu den Gesprächsthemen im Kreis der gleichaltrigen Freunde und Kollegen, es kommt trotzdem aber zumindest am Rande immer wieder zur Sprache. In der Familie redet man vielleicht öfter davon, besonders wenn man sich mit den Eltern, älteren Geschwistern oder Leuten trifft, die damals schon erwachsen oder immerhin fast erwachsen waren. Man spricht über die damaligen Zustände, über die Armut, die Verfolgung und die Misere von damals.

Welche Meinung haben diese Zeitgenossen?

Die Einstellung zur Vergangenheit – auch zur Revolution – ist nicht immer einseitig. Es war ja schließlich nicht für alle gleichermaßen schlimm damals. Ich höre in solchen Situationen fast nur zu, kann logischerweise weniger selber beitragen. Aber nach solchen Gesprächen wird mir immer eines glasklar: In einem kommunistischen Land würde ich nicht leben wollen. Unter meinen früheren Mitschülern, meinen heutigen Kollegen und Freunden ist man sich eigentlich einig: Die Generation 1989 will keinen Kommunismus mehr.

Zur Vergangenheitsbewältigung gehört nach Meinung vieler, dass auch Schulkinder sich im Unterricht damit befassen. Was haben Sie in der Schule über Kommunismus und den Umbruch mitbekommen?

In der Schule wurde darüber kaum etwas gelehrt. Wenn ich mich richtig erinnere, gab es nur ganz spät – ich glaube kurz vor dem Abitur – im Geschichtslehrbuch eine einzige Seite dazu. Ganz kurz wurde dort gesagt, es habe in Rumänien ein kommunistisches Regime gegeben, das dann von der Revolution beseitigt wurde. Das war alles.

SLOWAKEI

Die Suche nach einem Grundkonsens

Von Steffen Neumann

In seiner Kolumne in der slowakischen Zeitschrift ».týždeň« stellte der tschechische Publizist Luboš Palata am Vorabend der Feierlichkeiten zum 20. Jahrestag der 1989er Revolution fest, dass es eben diese Feierlichkeiten in diesem Jahr sowohl in Prag als auch in Bratislava eigentlich gar nicht gibt. »Ich weiß nicht, ob das damit zusammenhängt, dass unsere beiden Länder einen Kommunisten als Premier haben. Und, dass weder unseren noch euren Präsidenten jemand besuchen kommt. Woran es auch immer liegen mag, es ist einfach so. Und so finden außer einem Konzert, zu dem sich Václav Havel bekannte Musiker aus aller Welt eingeladen hat, nur einige Konferenzen statt.«

Es sei nicht sicher, ob eine andere Zusammensetzung der politischen Garnitur für eine zentrale Feier in Bratislava gesorgt hätte, die denen in Berlin oder Danzig vergleichbar gewesen wäre, mutmaßt Palata. Denn vor zehn Jahren war der zentrale Gedenktag an die Sanfte Revolution am 17. November noch nicht einmal staatlicher Feiertag. Immerhin war in der Slowakei 2009 der Kampf um das Erbe der Sanften Revolution voll entbrannt. Die Feierlichkeiten, die häufig von verschiedenen Gruppen initiiert und getrennt durchgeführt wurden, hatten eines gemeinsam: die Erkenntnis, dass es in der Slowakei bislang keinen Grundkonsens über die Bewertung der Sanften Revolution gibt.

Die Sanfte Revolution in der Slowakei

Als Beginn der Sanften Revolution gilt der 17. November 1989, an dem in Prag eine Studentendemonstration gewaltsam von der Polizei beendet wurde. Das brutale Eingreifen löste eine Protestwelle in der Tschechoslowakei aus. Der 17. November wurde erst in Tschechien und später auch in der Slowakei zum Staatsfeiertag ernannt. Schon einen Tag vorher, am 16. November, hatten sich unabhängig von Prag rund 200 Studenten in Bratislava versammelt und die Freiheit der politischen Gefangenen gefordert.

Zeitgleich zum »Bürgerforum« um Václav Havel in Tschechien gründete sich in der Slowakei das Bündnis »Öffentlichkeit gegen Gewalt«. Beide Bündnisse einigten sich mit der kommunistischen Führung zunächst auf eine Machtteilung bis zu den ersten freien Wahlen am 8./9. Juni 1990, aus denen »Öffentlichkeit gegen Gewalt« und »Bürgerforum« als klare Sieger hervorgingen.

Zu den wichtigsten Exponenten der Sanften Revolution zählten der Schauspieler Milan Kňažko, der frühere Umweltaktivist Ján Budár, die Soziologen Martin Bútora und Fedor Gál, der Literaturwissenschaftler Peter Zajac, der spätere Innenminister Ján Langoš, die damaligen Studentenführer Zuzana Mistríková und Filip Vagáč, der spätere Justizminister Ján Čarnogurský, einer der Führer der Untergrundkirche, František Mikloško, der Dramaturg Ladislav Snopko und der Politikwissenschaftler Miroslav Kusý.

Für die Ereignisse im Herbst 1989 hat sich in der Slowakei der Begriff Sanfte Revolution eingebürgert, weil es sich um eine friedliche Revolution handelte. Heute wird aber auch oft nur vom »November« gesprochen.

In der Slowakei halten sich die derzeitigen Oppositionsparteien aus bürgerlichen, christlichen, liberalen Parteien und der Partei der ungarischen Minderheit für die Träger der Ideen der Revolution und der ihr folgenden Transformation. Den anderen Parteien, die derzeit an der Regierung beteiligt sind (Sozialdemokraten und Nationale), werfen sie vor, den Geist des Kommunismus wiederzubeleben. Dies fällt umso leichter, als derzeit die drei höchsten Staatsämter in der Slowakei mit ehemaligen Kommunisten besetzt sind.

Diese nicht korrekte Gleichsetzung der Opposition, die 1989 das Bündnis »Öffentlichkeit gegen Gewalt« gegründet hat, mit der heutigen wird durch das Fehlen einer historischen Sozialdemokratie oder einer anderen integren linken Partei unterstützt. Da es in der Slowakei keine Nachfolgepartei der Kommunistischen Partei gibt, haben viele ehemalige Kommunisten eine neue Heimat in der sozialdemokratischen Smer-Partei oder den nationalen Parteien HZDS und SNS gefunden.

Diese Polarisierung zeigte sich bei den Präsidentschaftswahlen im Frühjahr, als der unabhängige Kandidat František Mikloško in Bezug auf das 20-jährige Jubiläum der Revolution mit seiner Integrität als früherer Dissident warb. In der Stichwahl stand dann die Herausforderin Iveta Radičová dem amtierenden Präsidenten Ivan Gašparovič gegenüber, der von 1968 bis 1989 in der Kommunistischen Partei war. Da die konservativ-liberale Radičová vor 1989 in keiner Partei war, wurde diese Stichwahl von den konservativen Parteien und den ihr nahe stehenden Medien als Kampf der Vergangenheit gegen die Zukunft dargestellt.

Insofern überraschte es nicht, dass sich das Gedenken an 1989 vor allem um die Rolle der ehemaligen Kommunisten drehte. Das betraf einerseits die gemäßigten Kommunisten wie Milan Čič oder Rudolf Schuster, die 1989 aktiv an dem Übergang zu freien Wahlen mitwirkten. Schuster wurde 1998 sogar zum Präsidenten gewählt. Andererseits standen jene Kommunisten im Fokus, die heute mit an den Schaltstellen der Macht sitzen. Gerade die Haltung der Repräsentanten des Staates zur Sanften Revolution werde der Bedeutung dieses Ereignisses nicht gerecht, sagen Kritiker. Wenn sich Premierminister Robert Fico oder Parlamentspräsident Pavol Paška zum November 1989 äußerten, dann gerate dies eher zu einer Verteidigung der Zeit davor und damit auch ihrer eigenen Vergangenheit.

»Ich möchte mir ein authentisches Bild vom Sozialismus erhalten«, sagte Fico auf der Konferenz »Das Vermächtnis des Novembers«, die seine Partei Smer organisiert hatte. Dazu gehöre auch die Erwähnung der positiven Seiten des Sozialismus, zum Beispiel, dass er in den Urlaub nach Malta fahren durfte, so das frühere Mitglied der Kommunistischen Partei. Diese unkritische Hervorhebung der positiven Seiten des Sozialismus wiesen die Dissidenten scharf zurück.

Parlamentspräsident Pavol Paška wiederum ärgerte, dass seine Antwort auf die Frage, was er im November 1989 gemacht habe, karikiert wurde. Er hatte gesagt, dass er in dieser Zeit sein Bad gefliest habe. »Millionen Menschen haben damals ihr Leben gelebt«, verteidigte er sich fast vorwurfsvoll. Dies hörte sich so an wie der Ausspruch seines Parteichefs, des Premierministers Fico, der bereits früher gesagt hatte, »vom November nichts bemerkt« zu haben. Der Premier zog es denn auch vor, den 16. und 17. November 2009 im Ausland zu verbringen. Dabei war es kein Zufall, dass er ausgerechnet mit Russlands Ministerpräsident Wladimir Putin zusammentraf. Fico macht keinen Hehl daraus, dass Putin sein Vorbild ist.

Beim Versuch, die Bedeutung des 17. Novembers zu nivellieren, wurde Fico aus der nationalen Ecke unterstützt. Die mit ihm regierende Slowakische Nationalpartei (SNS) war rund um den 17. November auffällig still. Und viel mehr kam auch nicht von der HZDS von Vladimir Mečiar, der Anfang der 1990er Jahre die Teilung der Tschechoslowakei ausgehandelt hatte. Daher überrascht nicht, dass Fico sich eigentlich nur einmal wirklich positiv über die Sanfte Revolution äußerte: »Ohne den November gäbe es keine unabhängige Slowakei.« Für viele Slowaken ist die Ausrufung des eigenen Staates so etwas wie der logische Schlusspunkt der Revolution. Sie steht emotional mindestens auf gleicher Höhe.

Angesichts dieser Ignoranz an der Staatsspitze ist es fast verwunderlich, dass gleich mehrere offizielle Gedenkveranstaltungen zum 20-jährigen Jubiläum stattfanden. Dies ist der Tatsache zu verdanken, dass der 17. November, an dem in Prag die Revolution begann, seit 2001 offizieller Staatsfeiertag ist. Er kann einfach schlecht ignoriert werden. Ein weiterer Grund ist die gemeinsame Geschichte mit dem Bruderstaat Tschechien, zu dem heute eindeutig bessere Beziehungen herrschen als noch zu Zeiten der Tschechoslowakei. So wurde im Vorfeld abgesprochen, den Feiertag gemeinsam zu begehen. Für die Slowakei nahm Parlamentspräsident Pavol Paška an den Feiern in Prag teil. Paška selbst konnte die Präsidenten der beiden tschechischen Parlamentskammern, Přemysl Sobotka und Miloslav Vlček, in Bratislava empfangen. Höchster Gast war der frühere polnische Premier und heutige Vorsitzende des Europäischen Parlaments Jerzy Buzek.

Diese Veranstaltung war die einzige, auf der ein breites Meinungsspektrum vertreten war. Wie kompliziert es jedoch war, dies zu ermöglichen, zeigen die Verhandlungen, die der Veranstaltung vorausgingen. Während ehemalige Kommunisten die Einladung ohne Bedingung annahmen, forderten die Protagonisten der Sanften Revolution, dass auch ein Vertreter der Unabhängigen Ungarischen Initiative (NMI) sprechen müsse. Die NMI war eine der entscheidenden Reformkräfte im November 1989. Außerdem nahmen die ehemaligen Mitglieder von »Öffentlichkeit gegen Gewalt« für sich in Anspruch, auf der Veranstaltung als Erste zu sprechen. Offenbar wollten die Veranstalter am Ende nicht ohne Revolutionäre dastehen und ging auf alle Bedingungen ein.

Obwohl am Ende nicht alle Akteure von 1989 die Einladung annahmen und die christdemokratischen Abgeordneten das Feld vorzeitig räumten, wurde die Veranstaltung überwiegend positiv bewertet, gerade weil die sonst verfeindeten Parteien über ihren Schatten sprangen und gemeinsam feierten. Die liberal-konservative Zeitschrift ».týždeň«, die eher der Opposition und den Trägern der Revolution nahe steht, beantwortete die Frage, ob es möglich ist, den 17. November gemeinsam mit ehemaligen Kommunisten zu feiern, mit einem klaren Ja. »Es ist aber wichtig, dass dabei nicht die Geschichte verzerrt wird«, hieß es.

Doch es blieb bei diesem kleinen Erfolg einer gemeinsamen Feier. Bis heute gibt es in der Slowakei keinen zentralen Gedenkort für die Novemberereignisse. Aber auch die Akteure der Revolution sind nicht fähig, sich auf einen Grundkonsens zu einigen. Die Folge war, dass das Gedenken zum 20. Jahrestag fragmentiert blieb. Das Fehlen von offiziellen Gedenkorten hat eine Inflation an lokalen und privaten Denkmälern hervorgebracht. In Bratislava erinnern gleich zwei Tafeln an die erste Studentendemonstration vom 16. November 1989. Jeweils zwei Tafeln zum Gedenken an die Sanfte Revolution wurden parallel auch in Liptovský Mikuláš und Košice enthüllt.

In der ganzen Debatte um 1989 fiel das Schweigen einer bedeutenden Institution besonders auf: Die Kirche gehörte mit der verbotenen Untergrundkirche, den engen Kontakten zu Papst Johannes Paul II. und ihrer Fähigkeit, Massen zu mobilisieren, zu den wichtigsten Wegbereitern der friedlichen Revolution. 20 Jahre später traten zwar Vertreter der Kirchen vereinzelt auf. Aber auf eigene Veranstaltungen wurde verzichtet, wie auch keine gesonderte Messe zum 17. November abgehalten wurde. Lediglich ein Hirtenbrief erinnerte an die »Ideale des Novembers«, von denen viele »in Vergessenheit geraten« seien. Die Kirche, die selbst viele Helden des Widerstands hervorgebracht hat, hätte vielleicht eine Vermittlerrolle in der scharfen Auseinandersetzung spielen können.

Die Suche nach einem Grundkonsens über 1989 wird zusätzlich dadurch erschwert, dass bis heute in der Slowakei keine Literatur existiert, die sich den Ereignissen um 1989 komplex und ausgewogen widmet. Zwar gibt es Einzelstudien, Zeittafeln und Dokumentsammlungen. Zwar wurde in einem Teil der slowakischen Medien im vergangenen Jahr ausführlich auf die Zeit vor 1989 und die Revolution zurückgeblickt. Zwar gab es Ausstellungen und Konferenzen, wurden Filme produziert und Bücher veröffentlicht. Aber allen Bemühungen ist fehlende Tiefe gemein. Es fehlen wissenschaftliche Analysen, die das reichlich vorhandene Material auswerten, die Erinnerungen der Protagonisten mit den Fakten abgleichen und unterschiedliche Sichtweisen zusammenbringen.

Auf den Konferenzen traten aus der Slowakei fast ausnahmslos Zeitzeugen auf. Im besten Fall fanden sich Politikwissenschaftler ein, aber Beiträge von Historikern blieben aus. Das gilt auch für Konferenzen außerhalb der Slowakei, auf der Slowaken zu Gast waren. Fatal ist das Fehlen wissenschaftlichen Materials für den Schulunterricht, wo die Revolution meist nur kurz abgehandelt wird. In den Geschichtsbüchern bleibt gerade einmal eine Seite, mehr Raum nimmt die Unabhängigkeit der Slowakei 1993 ein.

Umso verständlicher ist der offensichtliche Hunger nach Informationen vor allem der jungen Generation, die in Veranstaltungen zu 1989 überdurchschnittlich stark vertreten war. Selbst die enttäuschend dünne Ausstellung zu 1989, die von allen wichtigen Institutionen auf der Burg in Bratislava installiert wurde, erhielt viel Lob im Besucherbuch.

Nur bedingt hilft die schon reichlich vorhandene tschechische Literatur zum Thema aus dem Informationsdefizit, weil der slowakische Blick fehlt. Es sei denn, ein Werk ist als tschechisch-slowakische Koproduktion entstanden, wie der Film »Guten Morgen, Slowakei«, der explizit mit der Studentendemo in Bratislava am 16. November 1989 einsetzt. Auch in den Medien war das Bemühen groß, den speziell slowakischen Anteil an der Revolution hervorzuheben. So wurde die Kerzendemonstration 1988 in Bratislava breit behandelt. Sie gilt als die bis dato größte politisch motivierte Demonstration gegen das Regime seit der Niederschlagung des Prager Frühlings.

Die innerslowakische Debatte um das Erbe von 1989 hat im Jubiläumsjahr fast alle Kräfte absorbiert. Sehr selten erhielt sie eine länderübergreifende Dimension, wenn man von dem regen Austausch mit Tschechien absieht. Darum bemüht hat sich das »Mitteleuropäische Forum«, das in Bratislava von den Publizisten Marta Šimečková und Martin M. Šimečka organisiert wurde und mit Adam Michnik, Václav Havel, György Konrád, Viktor Jerofejew, Slavenka Drakulić, Robert Menasse und Karel Schwarzenberg prominent besetzt war.

Die Gesprächsrunden versuchten nicht nur an 1989 zu erinnern, sondern auch dem Stand der Demokratie 20 Jahre später nachzugehen. Wer die Feuilletonseiten und Konferenzprogramme des Jahres 2009 zumindest in Mitteleuropa aufmerksam verfolgt hat, wird diese und noch mehr Namen dort regelmäßig wiedergefunden haben. Das zeigt immerhin, dass die intellektuelle Elite hervorragend miteinander vernetzt ist. Leider blieb es zu oft beim Austausch von Statements. Außer in der Frage des Umgangs mit den Akten der Staatssicherheit kam es sowohl unter den Podiumsteilnehmern, als auch mit dem Publikum kaum zu einer Debatte. Die Fragen aus dem Publikum signalisierten zudem, dass dies mehr an der slowakischen Perspektive interessiert war.

Das Forum blieb ein Einzelfall. Dabei wäre die Slowakei prädestiniert gewesen, einen mitteleuropäischen Dialog über 1989 zu führen. Denn mit Tschechien und Ungarn hat die Slowakei durch gemeinsame Geschichte und die große Minderheit der Ungarn gleich zu zwei Staaten eine enge Verbindung, die in denen 1989 friedliche Revolutionen stattfanden. Aber gerade die Beziehungen zu Ungarn wurden im 20. Jahr der Revolution durch die Tagespolitik überschattet. Die Chance, der Ereignisse von 1989 auch mitteleuropäisch zu gedenken, wurde damit vergeben.

»Es war ein tschecho-slowakischer November«
Interview mit Peter Zajac (64)

Peter Zajac ist Jahrgang 1946 und war 1989 einer der führenden Köpfe des slowakischen Oppositionsbündnisses »Öffentlichkeit gegen Gewalt«. 1998 kehrte er für ein paar Jahre in die Politik zurück. Heute lehrt er an der Humboldt-Universität in Berlin und lebt abwechselnd in Berlin und Bratislava.

Was haben Sie für ein Gefühl, wenn Sie an die Ereignisse vor 20 Jahren zurückdenken?

Ich habe ein zwiespältiges Gefühl. Ich bin nicht enttäuscht, aber unzufrieden. Für mich war immer klar, dass die Transformation länger dauern wird. Das gilt vor allem für das Bewusstsein der Menschen. Insofern bin ich nicht enttäuscht. Rückblickend würde ich formulieren, dass uns die Sache geglückt ist, denn es war auch eine Frage des Glücks. Aber ich bin unzufrieden damit, dass wir nach 20 Jahren in der Slowakei noch nicht über den Berg sind. Die slowakische Gesellschaft ist gespalten und polarisiert, weil es keinen Konsens gibt, was der November 1989 für sie bedeutet. In Deutschland herrschen auch noch viele alte Gewohnheiten und Stereotypen vor, und in den Köpfen mancher Leute gibt es noch keine Deutsche Einheit. Aber ich habe fast niemanden gehört, der sagen würde: Nein, wir lehnen diese 20 Jahre ab. In der Slowakei gibt es jedoch sehr viele solche Menschen, und als ihr Vorbild dient ihnen der heutige Ministerpräsident Robert Fico, der gesagt hat, er habe den November 1989 nicht bemerkt.

Wer denkt so in der Slowakei? Sind das frühere Kommunisten?

Nein, das sind nicht nur Kommunisten. Das sind einfach die Wähler der Smer-Partei von Fico, der Slowakischen Nationalpartei von Slota und der von Mečiar. Das ist die überwiegende Mehrheit, ungefähr 60 Prozent der Bevölkerung. Und was diese Parteien verbindet, was ihre Koalition so logisch macht, ist, dass sich alle drei Parteien anti-transformatorisch definiert haben.

Drei Jahre nach der Sanften Revolution löste sich die Tschechoslowakei auf. Was war eigentlich tschechoslowakisch an dieser Revolution, wenn jeder sein eigenes Bündnis hatte: in Prag das »Bürgerforum«, in der Slowakei »Öffentlichkeit gegen Gewalt« sowie noch die »Ungarische unabhängige Initiative«?

Es war wirklich ein tschechoslowakischer November. Das »Bürgerforum« entstand lediglich zu ungefähr derselben Zeit wie »Öffentlichkeit gegen Gewalt« und auch die »Unabhängige ungarische Initiative«. Aber das war nicht speziell separatistisch gemeint. Ich war am 21. November 1989 dienstlich in Prag und habe Havel um ein Gespräch gebeten. Und er hat schon da die »Öffentlichkeit gegen Gewalt« als Gegenstück des »Bürgerforums« bezeichnet. Ich würde heute sagen, »Öffentlichkeit gegen Gewalt« entstand auch als ein Ausdruck unseres Selbstbewusstseins, dass wir doch fähig sind, unsere Angelegenheiten in die eigenen Hände zu nehmen. Das bedeutet eben, dass wir nicht warten wollten, was Prag oder sonst wer uns sagt.

Wo fand die Sanfte Revolution statt?

Die ersten Demonstrationen fanden in Bratislava statt, nicht in Prag. Ich hatte eigentlich nie das Gefühl, dass wir nicht akzeptiert worden wären. Selbstverständlich war für das Ausland und die Presse Prag interessanter und wichtiger, aber in der Tschechoslowakei selbst war das nicht so. Dort verlief das parallel. Das erste Mal, dass beide Bewegungen gemeinsam agiert haben, war erst beim Wechsel der Föderativen Regierung vor dem 10. Dezember, also bei den Machtentscheidungen. Diese Partnerschaft war etwas Neues, weil man gewohnt war, dass alles in Prag stattfindet. Und auf einmal verliefen beide Bewegungen parallel, was nicht heißt, getrennt, sondern im Einklang.

Gab es im Jubiläumsjahr auch Debatten über die Landesgrenzen hinweg, abgesehen von der slowakisch-tschechischen?

Meiner Meinung nach wird sehr wenig reflektiert. Was ist die Situation im Jahr 2009? Wie sehen die einzelnen Länder, zumindest Mitteleuropas, aus? Was hat man erreicht, was nicht? Es gibt vieles, was nicht erreicht wurde, und das, was man erreicht hat, ist keine Selbstverständlichkeit.

Aber war nicht die Entwicklung 1989 in allen Staaten ähnlich? Wurde damals mehr reflektiert und ausgetauscht als heute?

Das würde ich nicht sagen. Es gab schon die halbfreien Wahlen in Polen und bei uns passierte gar nichts, in Ungarn wurde der Stacheldraht zerschnitten und bei uns passierte gar nichts. In Berlin fiel die Mauer und bei uns passierte gar nichts. Jeder war so mit sich selbst beschäftigt, dass er die anderen nicht so stark wahrgenommen hat. Das waren kleine Gruppen, Dissidenten, die sich getroffen haben, aber sonst keiner. Wir haben uns eher an »Radio Free Europe« und »Voice of America« als an unseren Nachbarn orientiert.

Denken Sie, dass 1989 in Zukunft einmal als gemeinsame Geschichte in Europa begriffen wird?

Ich bin da eher skeptisch. Wo findet man, abgesehen von den Feierlichkeiten, ein wirkliches Interesse der Deutschen oder der Österreicher – damit wir über die Slowakei sprechen – an ihren Nachbarn? Das Interesse war in den 1960er Jahren viel größer als heute. Die Grenze ist offen, aber niemand interessiert sich. Die geschäftlichen Beziehungen gibt es, da ist das Interesse auch echt. Aber ein kulturelles Interesse? Das, was europäisch bedeutet, heißt in der Kultur vor allem Englisch, Französisch,

Deutsch, vielleicht ein bisschen Spanisch und dann nur noch die Einzelleistungen. Man lädt einen tschechischen und einen ukrainischen Autor ein, den europäisiert man dann, wie es mit Andruchowytsch, Topol oder Hvorecky passiert ist und das sind dann die Repräsentanten der mitteleuropäischen Literatur in der deutschen literarischen Szene.

Warum ist das so?

Ich sehe kein allzu großes gemeinsames Interesse an wirklichen Überlegungen. Man ist mit der europäischen und der globalen Krise so beschäftigt, dass man überhaupt keine Zeit mehr hat zu überlegen, wohin diese Welt eigentlich schreitet. Es ist nicht nur die Frage des 20. Jubiläums, sondern wir leben einfach nach 20 Jahren in einer neuen Situation. Wir sind fähig, die Situation nur durch das, was ich als »Obamaisieren« bezeichnen würde, also eine sehr edle Rhetorik, wahrzunehmen, aber das ist auch alles. Es gibt sehr wenig kritische Aufarbeitung der Zukunftsprobleme.

Welche Auswirkungen hat die jetzige Situation in der Slowakei, in der für die Hälfte der Bevölkerung der November 1989 keine Bedeutung hat, auf die Zukunft des Landes?

In der Slowakei gab es in den vergangenen 20 Jahren nie eine reale Mehrheit für die Transformation des Landes. Und ich bin überzeugt, wenn es diese Mehrheit in den nächsten Jahren nicht gibt, dann geht es mit der Slowakei in eine andere Richtung, Europäische Union hin oder her. Das, was Fico jetzt zulässt, ist ein Zerfall der Rechtsstaatlichkeit, der Justiz, der Bildung, gepaart mit einer unglaublichen Korruption. Und wenn es noch vier, acht oder zwölf Jahre so weitergeht, dann bleiben von einem demokratischen System nur die Formalien.

Welche Entwicklung sehen Sie voraus?

Ich sehe in erster Linie einen bisher sehr gelungenen Versuch, der Slowakei eine ganz andere Richtung zu geben. Eine Richtung – ich sage das nur sehr vorsichtig – zu einem halbautokratischen System. Aber es könnte auch autokratisch werden. Sie können sich natürlich fragen, ob so etwas in der Europäischen Union möglich ist, und die Antwort wird lauten: Ja, es ist möglich. Es gibt selbstverständlich gewisse Kriterien, nach denen sie sich verhält. Aber das sind so freizügige Rahmen, dass man alles Mögliche machen kann.

»Die Freiheit ist sehr fragil«
Interview mit Roberta Krmášková (21)

Roberta Krmášková stammt aus Komárno in der Südslowakei, wo sie am 9. November 1988 geboren wurde. Nach einem Jahr Studium Theatermanagement in Bratislava wechselte sie ins Fach Marketingkommunikation und Werbung nach Nitra.

Wie haben Sie den 20. Jahrestag der friedlichen Revolution erlebt?

An Demonstrationen oder anderen Veranstaltungen hab ich nicht teilgenommen. Aber ich habe bei Facebook Kerzen für die Opfer der Diktatur angezündet. Meine Eltern haben mir viel erzählt. Und je mehr jetzt auch in den Medien zu hören war, desto mehr habe ich mich dafür interessiert.

Befassen Sie sich in diesem Jahr zum ersten Mal mit dem Thema?

So intensiv ja. In den vergangenen Jahren wurde darüber nicht so viel geredet. Es wurde zwar daran erinnert, es gab ab und zu Fernsehsendungen mit Zeitzeugen, aber das war nicht so oft. Es blieb also jedem selbst überlassen, sich noch mehr damit zu befassen.

Was fällt Ihnen heute zu 1989 ein?

Ich habe immer noch das Gefühl, dass bestimmte Komplexe aus der Zeit vor 1989 in den Leuten zu finden sind. Es ist zu spüren, dass die Leute immer noch nicht mit der Revolution und der Zeit damals abgeschlossen haben. Vielleicht haben sie zu viel erwartet. Und ich hoffe, dass sich wenigstens ein Teil davon erfüllt hat. Aber wie ich gelesen habe, ist nicht alles in Erfüllung gegangen.

Was konkret hat sich nicht erfüllt?

Ich weiß nicht konkret, was, nur, dass sich für sie nicht alles erfüllt hat. Also, wir haben die Reisefreiheit, Gott sei dank. Wir können alles einkaufen, haben Meinungsfreiheit. Wir haben ein neues Mediengesetz, das die Medien verpflichtet, Gegendarstellungen zu drucken. Jetzt können die Medien nicht mehr sagen, was sie wollen. Aber damals muss alles schlimmer gewesen sein. Vor allem die kleine Auswahl an Waren. Vielleicht sind wir auch schon zu verwöhnt und können das gar nicht mehr würdigen. Ich erinnere mich, dass, als ich klein war, meine Eltern sagten, wir müssten zufrieden sein mit dem, was wir haben. Sie haben sich bemüht uns beizubringen, dass sie es schlechter hatten als wir. Ich hätte nicht gern in der damaligen Zeit gelebt.

Woher wissen Sie, wie es 1989 war?

Ich habe die Zeit ja nicht erlebt, lag damals noch im Kinderwagen. Aber in der Zeit um 1993 habe ich als Kind schon gespürt, dass sich etwas ändert, weil wir 1993 eine neue Währung bekamen. Und noch später eröffneten bei uns die ersten ausländischen Geschäfte. Ich hatte als Kind z.B. noch klassische Windeln, mein Bruder hatte schon Pampers. Er hatte überhaupt schon die besseren Waren aus dem Ausland. Deshalb kann ich noch ein wenig nachfühlen, wie das gewesen sein muss, als es hier keine Auswahl gab, nur eine Seife oder Haarwäsche für alle. Oder manche Dinge, die es nur unter dem Ladentisch gab. Und trotzdem kann ich mir nicht vorstellen, wie die Leute früher so leben konnten.

Welchen Raum hat 1989 in der Schule?

Das ist normaler Unterrichtsstoff.

Wie viel, eine Unterrichtsstunde?

Nein, mehr. Wohl wie jede Revolution, nur dass bei dieser noch die eigenen Erfahrungen der Lehrer hinzukommen. Unsere Geschichtslehrerin war sogar bei den Demonstrationen in Bratislava dabei. Trotzdem denke ich, dass wir uns in Geschichte mehr damit hätten befassen können. Andererseits handelt es sich ja um ein relativ junges Ereignis, das wohl noch nicht so erforscht ist wie andere. Wir wurden aber noch auf andere Weise mit der jüngeren Geschichte konfrontiert: nämlich wenn die Lehrer sagten, früher sei alles anders gewesen, da hätten sie uns viel schneller einen Eintrag geben können oder sogar eine Ohrfeige. Vielleicht fehlt den Lehrern manchmal die alte Zeit, als die Schüler noch mehr Respekt vor ihnen hatten.

Was bedeutet für Sie Freiheit?

Freiheit ist, wenn mich keiner einengt, ich zufrieden leben und kreativ sein kann. Und sagen kann, was ich will, ohne dass mir das jemand verbietet oder ich um mein Leben und meine Ausbildung Angst haben muss.

Können Sie sich vorstellen, dass in Zukunft diese Freiheit durch etwas bedroht sein könnte?

Ganz sicher, das kann passieren, wenn die Politiker zu viel Macht bekommen und wir uns nicht unsere Macht nehmen, dann sicher. Wenn das jemand will, dann kann alles wieder zerstört werden, was die ganzen Jahre aufgebaut wurde. Ich denke, die Freiheit ist hier noch sehr fragil.

Was halten Sie davon, dass Ihr Premierminister Robert Fico 2009 sagte, er hätte den November 1989 nicht bemerkt?

Ich kann das nicht glauben. Selbst bei jenen, die die Zeit vor 1989 nicht erlebt haben, muss dieses Ereigniss seine Spuren hinterlassen haben.

TSCHECHIEN

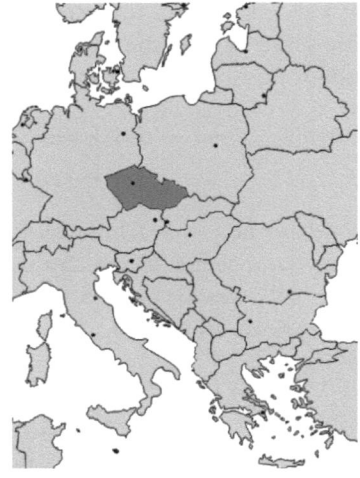

Viel zu samt

Von Hans-Jörg Schmidt

Die demokratischen Revolutionen von 1989 spielten in Tschechien im 20. Jahr ihrer Wiederkehr eine herausragende Rolle. Die Konzentration lag dabei zum einen auf der eigenen, der Samtenen Revolution vom November/Dezember 1989, und zum anderen auf den Ereignissen in der damaligen DDR. Das verwundert nicht, waren doch beide Ereignisse fest miteinander verknüpft.

Die Ausreisewelle der DDR-Deutschen im Spätsommer und Herbst 1989 führte auch über die Botschaft der Bundesrepublik in Prag. Dort wurden sie von Prager Bürgern versorgt und von Dissidenten zur Stimmung in der DDR befragt. Der spätere tschechoslowakische und erste tschechische Präsident Václav Havel hat später wiederholt darauf hingewiesen, wie sehr die Wochen der Botschaftsbesetzung durch die ausreisewilligen DDR-Bürger für die Menschenrechtsgruppen seines Landes eine Art Inspiration gewesen seien.

Neue Erkenntnisse zum Flüchtlingsdrama

Das Institut für Zeitgeschichte in Prag unter seinem Leiter Oldřich Tůma legte 2009 Beweise dafür vor, wie intensiv die damalige tschechoslowakische KP-Führung an einer Lösung des Flüchtlingsdramas in der bundesdeutschen Botschaft mitgearbeitet hat. So habe KP-Generalsekretär Miloš Jakeš zwar dem Ersuchen der DDR-Führung unter Erich Honecker nachgegeben und keine direkte Ausreise der Flüchtlinge über ČSSR-Territorium in die Bundesrepublik gestattet. Doch durch den immer größer werdenden Flüchtlingsstrom habe sich das Prager Regime zu einer anderen Haltung durchgerungen.

»Das, was sich um die deutsche Botschaft herum abgespielt hat, war Jakeš und seinen Genossen extrem unangenehm«, erklärte Tůma in einer Fernsehdebatte. »Sie fürchteten, dass diese Geschehnisse auf die Tschechoslowakei eine destabilisierende Wirkung haben könnten. Ende September 1989 schrieb dann Jakeš einen Brief an den damaligen Partei- und Staatschef der DDR, Erich Honecker, in dem er den Vorschlag machte, die DDR-Bürger über die tschechoslowakische Grenze in die Bundesrepublik ausreisen zu lassen.«

Diese Aussage Tůmas ist insofern interessant, weil sie die bisherige Lesart der Ereignisse in Deutschland etwas relativiert. Demzufolge waren es das Bundeskanzleramt und das Bundesaußenministerium, die in dieser Frage besonders aktiv gewesen seien. Freilich mindern die neuen Erkenntnisse aus Prag nicht die Rolle namentlich von Bundesaußenminister Hans-Dietrich Genscher und dessen Bemühungen um eine humanitäre Lösung im Gespräch mit seinem damaligen sowjetischen Amtskollegen Eduard Schewardnadse.

Die eigentliche Erinnerung der Tschechen an 1989 – auch »Samtene Revolution«, »November« oder »Umsturz« genannt – begann in den Medien erst im zweiten Halbjahr. Das hatte damit zu tun, dass das erste Halbjahr 2009 ganz im Zeichen der ersten EU-Ratspräsidentschaft der Tschechischen Republik gestanden hatte. Dies umso mehr, als mitten in dieser Ratspräsidentschaft die bürgerliche Mitte-Rechts-Regierung von Premier Mirek Topolanek gestürzt wurde, was wiederum die tschechische Ratspräsidentschaft erheblich negativ beeinflusste.

Im zweiten Halbjahr 2009 freilich drehten vor allem die Medien in Sachen Erinnerung an 1989 kräftig auf. Vorbildlich war der Nachrichtenkanal CT24 des öffentlich-rechtlichen Fernsehsenders Česká televize. Täglich erinnerte der Sender mit den Nachrichten von vor 20 Jahren an das Geschehen von einst – unter dem Titel »20 Jahre Freiheit – 20 Jahre ohne die Propaganda der KSČ« (KSČ – Kommunistische Partei der Tschechoslowakei). Es waren die Bilder von Studentendemonstrationen, denen sich immer mehr Bürger anschlossen, von der brutalen Gewalt der Sicherheitskräfte, von Kerzen und Gebeten.

Auffällig bei vielen Fernsehsendungen war, dass frühere Exponenten des alten Regimes lediglich in den Nachrichten von einst zu Wort kamen. In die Sondersendungen wurden sie nicht eingeladen. Das Fernsehen handelte quasi im vorauseilenden Gehorsam. Denn die interessierten Zuschauer, so sie nicht aus dem heutigen extrem linken Lager stammten, hätten solche Diskutanten entschieden abgelehnt. Bemerkenswert war zudem, dass die Sondersendungen zwar gute Einschaltquoten aufwiesen, parallel laufende Unterhaltungssendungen auf anderen Kanälen jedoch deutlich höhere Zuschauerzahlen verzeichneten. Soziologen begründeten das mit der allgemeinen Politikmüdigkeit der Tschechen, die durch die Regierungskrise im ersten Halbjahr 2009 noch verstärkt wurde.

Das Fernsehen bemühte sich immer wieder, auch die gesamteuropäische Perspektive der revolutionären Ereignisse zu beleuchten. Eine beachtliche Rolle in der Berichterstattung spielten vor allem die engen Verbindungen, die die tschechischen Dissidenten über viele Jahre mit den Dissidenten in Polen unterhalten hatten.

Bei den Printmedien tat sich die konservative Tageszeitung Lidové noviny hervor. Die Zeitung knüpfte bewusst an ihre ganz besondere Tradition an. Das Blatt, das als ältestes noch unter seinem ursprünglichen Namen in Tschechien erscheint, war 1952 unter den Kommunisten eingestellt worden und kam im Januar 1988 wieder heraus – damals freilich als Untergrundausgabe im Selbstverlag (Samizdat). Für die erste Ausgabe schrieb der damalige Dissident und Schriftsteller Václav Havel das Vorwort. Legal erschien die Zeitung erstmals am 5. Januar 1990 wieder, ab April jenes Jahres wieder täglich.

Ab Anfang Juni 2009 widmete die Lidové noviny den Ereignissen von vor 20 Jahren täglich eine ganze Seite. Verantwortlich dafür zeichnete mit Zbyněk Petráček einer der Chefkommentatoren des angesehenen Blattes. Zum Auftakt der Reihe bemerkte er: »Für die Bewertung der offiziellen Nachrichten waren damals kleinste Nuancen wichtig, das sorgfältige Lesen zwischen den Zeilen, was gerade in der damaligen tschechischen Gesellschaft bis zur Perfektion beherrscht wurde.«

Für jüngere Leser gab die Lidové noviny täglich eine zusätzliche Hilfe: Sie erklärte die damals üblichen Abkürzungen und Sprachregelungen. Ein großer Gewinn für die Leser waren vor allem die Auszüge aus Artikeln, die seinerzeit noch im Samizdat erscheinen mussten und nur einem kleinen Leserkreis vorbehalten waren. Diese Artikel machten auch deutlich, wie sehr sich die offizielle Propaganda von der klaren Sprache der Opposition unterschied.

Die Lidové noviny kam aber nicht nur auf die »ernsten« Themen des Jahres 1989 zu sprechen, sie widmete sich dieser Zeit auch in feuilletonistischen Rückblicken, die die damaligen Lebensumstände ebenso schilderten wie die Mode oder den Stil der Zeit. Ähnliches fand sich auch in den anderen tschechischen Qualitätszeitungen.

Leider nutzten die Printmedien kaum Leserbriefe, um an die Ereignisse von damals zu erinnern. Leserkommentare gab es eher bei Online-Medien. Die Reaktionen der Diskutanten waren dabei durchaus gemischt. Reine Nostalgiker blieben jedoch klar in der Minderheit.

Nicht nur die klassischen Massenmedien erinnerten mit ihren Mitteln an die Zeit der revolutionären Umwälzung. So kam beispielsweise ein Film in die Kinos, der die Folter und Erniedrigungen in den tschechoslowakischen kommunistischen Kerkern thematisierte. Die Hauptfigur dieses Filmes war dem Vater des langjährigen »Nachwende«-KP-Vorsitzenden Miroslav Grebeníček nachempfunden, der tatsächlich einer der berüchtigten Folterer war. Der Film stieß bei der Führung der Kommunisten auf massive Kritik, jedoch ohne Erfolg.

Die Kommunisten hatten 2009 freilich genug mit sich selbst zu tun. Sie zerstritten sich darüber, ob sie sich zum 20. Jahrestag der Samtenen Revolution noch einmal für die Verbrechen während der Diktatur entschuldigen sollten. Eine solche Entschuldigung hatten sie schon einmal während der Revolution ausgesprochen. Allerdings folgenlos: Die KSČ änderte lediglich ihren Namen in KSČM (Kommunistische Partei Böhmens und Mährens). Ideologisch vollzog sie keinerlei Wandel.

Die KSČM ist damit innerhalb der Staaten des früheren Ostblocks eine unrühmliche Ausnahme. Auch die Debatte über eine neuerliche Entschuldigung, von den wenigen Reformern in der Partei angestoßen, lief ins Leere. Die übrigen Parteien entlarvten die Debatte schnell als das, was sie tatsächlich sein sollte: Mit ihr wollte sich die KSČM hoffähig machen und sich bei den Sozialdemokraten als künftiger Koalitionspartner anbiedern. Obwohl die Sozialdemokraten keinerlei Interesse bekundeten, schlachteten die Konservativen dieses Thema genüsslich für sich aus. Sie warnten gerade mit Blick auf den 20. Jahrestag der Revolution immer wieder davor, dass es in Tschechien zu einem Linksbündnis kommen könnte.

Hier offenbaren sich Ähnlichkeiten zu den Warnungen der bürgerlichen Parteien in Deutschland vor rot-roten Bündnissen. Die meisten Tschechen akzeptieren Umfragen zufolge die KSČM mittlerweile als eine normale Partei, die zum politischen Spektrum dazugehöre. Freilich sind auch viele Tschechen der Meinung, dass man die Kommunistische Partei gleich während der Revolution hätte verbieten sollen.

Erwartungsgemäß den Höhepunkt der geschichtlichen Rückbesinnungen auf das Jahr 1989 bildete in Tschechien das Datum des Beginns der Samten Revolution, der 17. November. Der Tag wurde mit verschiedenen Veranstaltungen gewürdigt, mit Ausstellungen, Kranzniederlegungen, Konzerten und Ansprachen.

Einen besonderen Akzent bekam ein Galakonzert in der ehemaligen Kirche St. Anna in Prag. Es wurde vom früheren Präsidenten Václav Havel und dem ehemaligen Dissidenten Michael Kocáb organisiert. Eingeladen waren Künstler, die – wie Havel betonte – »die Freiheit lieben und mit uns in den dunkelsten Zeiten solidarisch waren«: der Altrocker Lou Reed, die Folksängerin Joan Baez, die Chansonsängerin Suzanne Vega und die Sopranistin Renee Fleming.

Eingeladen und gekommen war auch der amtierende Präsident Václav Klaus – trotz des seit Jahren zwischen Klaus und Havel geführten Streits darüber, wer die Grundlagen für die Samtene Revolution gelegt habe. Für Klaus waren das die »gewöhnlichen Menschen mit ihrer Passivität«. Damit sprach Klaus den Dissidenten um Havel die Rolle der wichtigsten Protagonisten ab. Er sprang bei dem Konzert allerdings über seinen Schatten und betonte: »Bei allem Streit ist für mich eines klar: Die Geschehnisse von 1989 sind vor allem mit einer Person verbunden – der meines Amtsvorgängers Václav Havel. Ich möchte die Gelegenheit nutzen, um ihm für alles zu danken, was er für die Wiedererlangung der Freiheit in unserem Land getan hat.« Später sagte er jedoch, das Konzert sei »ohne Freude« über die Bühne gegangen. Dabei habe es schließlich etwas zu feiern gegeben.

Als Klaus am 17. November an der Gedenktafel für den Marsch der Studenten in der Nationalstraße von Prag Blumen niederlegte, empfingen ihn lautstarke Proteste. Die richteten sich gegen die lange Verzögerungstaktik des Präsidenten bei seiner Unterschrift unter den EU-Reformvertrag von Lissabon. Auf der anderen Seite waren auch Unterstützer des Präsidenten in die Nationalstraße gekommen. Klaus selbst versuchte den Spieß umzukehren: »Die Pfiffe gegen mich sind ein Ausdruck der Demokratie.« Es sei ein großer Sieg, dass es heute möglich sei, die Stimme gegen den Präsidenten zu erheben.

Klaus kritisierte zudem die Art und Weise, in der in Berlin des Falls der Mauer gedacht wurde. Es habe ihn gestört, dass dort der Fall der Mauer gefeiert wurde, nicht der Fall des Kommunismus. Namentlich störte er sich daran, dass in Berlin auch der russische Präsident Dmitri Medwedew geredet habe. »Wenn ich den nach Prag eingeladen hätte, dann hätte ich eine neue Revolution und womöglich einen neuen Prager Fenstersturz ausgelöst.«

Während Klaus den Feiernden in Prag schlechte Laune attestierte, sahen Beobachter ein ganz anderes Bild. Zehntausende jubelten beispielsweise am Abend des 17. November in der Prager Nationalstraße Václav Havel zu, als der zu Beginn des Konzertes gemeinsam mit Joan Baez auf der Bühne erschien. Ganz Prag schien neuerlich einer Havelmanie zu unterliegen. In einer Umfrage nach der Persönlichkeit der Revolution und der nachrevolutionären Jahre in Tschechien, die von einer Zeitung in Auftrag gegeben worden war, lief Havel Klaus klar den Rang ab.

Und Havel zog in einer Fernsehansprache schließlich eine Art Bilanz über die Zeit seit 1989 und machte sich Gedanken darüber, wie Tschechien in weiteren 20 Jahren aussehen werde: »Werden wir in den kommenden 20 Jahren weiter vorankommen? Ich glaube ja. ... Vor 20 Jahren habe ich gesagt, dass unser Land nicht blüht. Das könnte ich heute nicht sagen. Aber es blüht häufig sehr seltsam. ... Wir ziehen keine Lehren, wiederholen jene Fehler, die andere längst begangen haben. Wir wollen ein Spiel spielen, fürchten uns aber davor, Spielregeln aufzustellen. Der Anstand nimmt ab, es wird gestohlen, und wenn jemand sagt, dass man nicht stiehlt, wird er ausgelacht. Aber auch unsere Gesellschaft blickt nach vorn, wird sich schrittweise ändern.«

Wie schwer sich die tschechische Gesellschaft mitunter noch tut, die Zeit vor der Revolution 1989 aufzuarbeiten, sei mit einem Aufsehen erregenden Beispiel gezeigt: dem Fall Milan Kundera, der zwar schon Ende 2008 aufkam, aber im ganzen Jahr 2009 weiter für Schlagzeilen sorgte und zu einer Art Hexenjagd gegen die tschechische Aufarbeitungsbehörde, das Institut für das Studium totalitärer Regime (Ustr), ausartete.

Der Fall Milan Kundera

Der tschechische Schriftsteller Milan Kundera soll 1950 einen Kurier des amerikanischen Geheimdienstes, Miroslav Dvořáček, an die Polizei verraten haben. Das ist das Ergebnis einer Recherche von Adam Hradilek, einem Mitarbeiter des Instituts für das Studium totalitärer Regime, die das tschechische Magazin Respekt veröffentlicht hat. Dvořáček, tatsächlich ein Spion, entkam nur knapp der Todesstrafe. Er wurde zu 22 Jahren Haft verurteilt, von denen er 14 Jahre verbüßte, teilweise als Zwangsarbeiter.

Milan Kundera, der seit 1975 in Frankreich lebt, bestritt den Vorwurf heftig. Er verzichtete jedoch darauf, gegen das Magazin Respekt zu klagen, und äußerte sich in der Folge Medien gegenüber nicht mehr zu den Vorwürfen. Doch die Debatte um Kundera waberte weiter.

Am 13. Oktober 2009, ein Jahr nach den ersten Vorwürfen gegen Kundera, äußerte sich die Ehefrau von Dvořáček, Markéta, in einem Interview mit der Lidové noviny dazu: »Wir haben absolut keinen Grund, an der Authentizität des Kundera-Dokuments (über dessen Aussage bei der Polizei) zu zweifeln, weil auch die übrigen Dokumente, beispielsweise über Verhöre, zweifellos authentisch waren. Mit Blick auf Kunderas enthusiastische stalinistische Vergangenheit war das für uns keine Überraschung. ... Weder er (Dvořáček), noch ich sind für Vergessen und Vergeben.«

Ende Oktober 2008 äußerte sich auch Václav Havel zum Fall Milan Kundera: Man müsse diesen Vorgang »doch wenigstens durch die Brille jener Tage sehen. Man musste kein bekennender oder fanatischer Kommunist sein, um in dem guten Glauben zu handeln, dass man damit den Weg zu einer besseren Welt ebnen würde. Man konnte sich einfach fragen oder sich ›fast sicher‹ sein, dass einem selbst oder einer Person, die einem nahe stand, eine Falle gestellt worden war.« Am Schluss bemerkte Havel: »An die jungen Historiker: Seid vorsichtig, wenn ihr über Geschichte urteilt! Ihr könntet mehr Unheil als Gutes anrichten.«

Der Schriftsteller Jiří Stránský meinte, dass Kundera von seiner kommunistischen Vergangenheit eingeholt wurde. Im Magazin Respekt schrieb er: »Milan Kundera hat der Partei gedient, sie bewundert und gefeiert.«

Er habe sich aber nicht, wie andere, mit seiner KSČ-Mitgliedschaft auseinandergesetzt. »Bis wir mit der Vergangenheit im Reinen sind, unserer eigenen und der unserer Nation, hat sie uns im Griff. Das wird sich in den am wenigsten erwarteten Momenten rächen.«
Der Chefredakteur von Respekt, Martin M. Šimečka, befürchtete kurz danach, dass die Politiker am Ende der Debatte das Institut Ustr schließen könnten. »Dieser Fall könnte eine Debatte über die Vergangenheit eröffnen, aber es scheint, dass er die Debatte auch für viele Jahre verhindern könnte.«

In einem Kommentar beklagte die Lidové noviny: »Während sich Ivan Klima oder Günter Grass über ihr Verhältnis zu totalitären Regimes in verschiedenen Zusammenhängen und mit unterschiedlicher Verspätung äußerten, schweigt Kundera immer noch.« In dem einen Jahr nach der Veröffentlichung der Vorwürfe gegen Kundera sei es zu keiner wirklichen Debatte über die Verstrickung der damaligen tschechischen Intellektuellen mit dem Regime gekommen. Ebenso wenig hat es eine umfassendere Debatte über die Rolle der Dissidenten und der großen Mehrheit der Bevölkerung während der Samtrevolution gegeben. Es bleibt vieles, was in Zukunft wissenschaftlich aufgearbeitet werden muss.

Manchen Beobachtern der Ereignisse in Tschechien fiel in diesem Zusammenhang ein Satz ein, den Václav Havel kurz nach seiner Wahl zum Präsidenten im Zusammenhang mit dem alten Regime und deren Repressionsapparat gesagt hatte: »Wir sind anders als sie (die Kommunisten).« Man wollte nicht abrechnen, sondern vergeben. Viele Tschechen sahen und sehen das bis heute anders. Für sie war die Samtene Revolution in vielen Punkten zu samt. Ob es das Institut für das Studium totalitärer Regime noch lange geben wird, wird allgemein bezweifelt. Sein Ende würde vor allem die freuen, gegen die 1989 revoltiert wurde.

»Wir müssen damit anfangen, uns selbst zu verändern«
Interview mit Libuše Dosedělová (52)

Libuše Dosedělová wurde 1958 im mährisch-schlesischen Krnov (Jägerndorf) geboren. Nach 1989 war sie als Kandidatin des revolutionären Bürgerforums (OF) für eine Wahlperiode Bürgermeisterin von Dívčí Hrad (Maidlberg) nahe der Grenze zu Polen. Später arbeitete sie als Reporterin beim Tschechischen Fernsehen in Ostrava (Ostrau), danach in Führungspositionen bei Werbeagenturen. Heute ist sie selbständige Finanz- und Immobilien-Beraterin in Prag.

Was fällt Ihnen spontan beim Gedanken an die Zeit vor 1989 ein?

Zunächst einmal war ich damals jünger. Leider habe ich damals in einer Ecke des Landes gelebt, in Mährisch-Schlesien, wo wir von vielem abgeschnitten waren, vor allem auch von Informationen. Es gab einen riesigen Unterschied zwischen Prag und der Provinz, vor allem der Grenzgebiete, in meinem Fall zu Polen. Bei uns lebten Leute mit geringerer Bildung, die zumeist in der Landwirtschaft tätig waren. Die privilegierte Elite der Arbeiterklasse fuhr zum Bergbau in die Gruben von Ostrava.

Wie war das Leben damals?

Nun, die Leute mussten arbeiten. Die Frage war aber, ob das eine befriedigende Arbeit war. Relativ hatten wir alle unser Auskommen. Der Staat stellte für junge Eheleute Kredite bereit, alle wollten zeitig Kinder bekommen. Dass wir kaum reisen konnten, hatte weniger Bedeutung. Wesentlich anders war das Zusammenleben der Menschen, für mich das einzig Positive aus dieser Zeit.

Was war daran anders?

Wir hielten früher mehr zusammen, auch aus der Not heraus, weil es allen nicht besonders gut ging. Heute macht jeder seins. Die meisten politischen Witze gab es in den Kneipen in den 1970er Jahren, als es dem Volk am schlechtesten ging. Schön war, wenn wir ausbrachen, aus dem Alltag flüchteten, in die Natur gingen, an Lagerfeuern zur Gitarre verbotene Lieder sangen, von Sängern, die längst im Exil im Westen waren. Das war unsere Art des Widerstandes.

Gab es Möglichkeiten, sich auch anders als über die Parteizeitungen zu informieren?

Selbstverständlich haben wir heimlich Radio Freies Europa gehört. Aber wir Jugendlichen hörten vor allem Radio Luxemburg wegen der tollen Musik, wegen der Beatles und der Rolling Stones. Das war auch ein Aufbegehren gegen die Alten, die diese Musik, die uns als Jugend schrecklich fanden.

Und wie war das 1989?

Eigentlich wusste jeder, dass mit Gorbatschows Politik etwas eingeleitet wurde, das auch für uns Bedeutung haben würde. Dennoch haben die Informationen darüber, was im November in Prag geschah, schon lange bis nach Brno oder Ostrava gebraucht, noch länger in unsere kleinen Orte in der Grenzregion. Die Kommunisten haben das geschickt unter dem Deckel gehalten, hatten wohl geglaubt, dass der Spuk schnell vorbeigehen würde. Aber das war dann doch nicht mehr aufzuhalten.

Was ist aus den Unterschieden zwischen Stadt und Land in den vergangenen 20 Jahren geworden?

Die gibt es bis heute. Man sieht es auch an den Wahlergebnissen. Die Kommunisten sind auf dem Land bis heute eine Macht.

War die Samtene Revolution vielleicht zu samt? Hätte man gleich in der Revolution die Kommunistische Partei verbieten sollen?

Ich wäre für ein solches Verbot gewesen. Mir war die Revolution tatsächlich zu samt. Heute, nach 20 Jahren, erscheint es mir lächerlich, Leute wegen ihrer Vergangenheit am Zeug flicken zu wollen. Es kommen immer mal Verzeichnisse von Stasi-Mitarbeitern ans Tageslicht, aber über ihre Glaubhaftigkeit muss man große Zweifel haben. Mir ist nie eingefallen, danach zu forschen, ob vielleicht in meiner unmittelbaren Umgebung irgendwelche Verräter oder Denunzianten gesessen haben. Auf dem Land ist manches anders. Da wäre so etwas sofort herausgekommen.

Warum?

Ich kann mich nicht erinnern, dass die Stasi in den 1970er Jahren jemanden im schwarzen Tatra abgeholt hätte. Damit hängt auch zusammen, dass die Kommunisten heute noch so eine Macht auf dem Lande haben. Es genügt nicht allein die Erinnerung der Leute, dass das Bier und die Brötchen spottbillig waren. Leider aber ist gerade das für viele Leute bis heute unvergessen und die wichtigste Frage.

Können Sie das verstehen?

Ja. Die Menschen standen morgens um 4 Uhr auf, kümmerten sich um das Vieh, fuhren zur Arbeit, kamen abends kaputt nach Hause, kümmerten sich wieder um das Vieh und gingen in die Kneipe, um Bier und billigen Rum zu trinken. Für viele spielt sich das Leben bis heute so ab. In der Kneipe ziehen sie zwar über die Politiker her, aber sie tun kaum etwas, damit sich etwas ändert. Wir Tschechen sind alle große Kämpfer – in der Kneipe. Das nervt mich total.

Was stört Sie am meisten an der Entwicklung der vergangenen 20 Jahre?

Eine ganze Reihe von Dingen. Wir wollten den Kapitalismus, und jetzt jammern wir, dass wir ihn haben. Natürlich öffnet sich die Schere zwischen Arm und Reich. Wir haben nicht mehr alle das Gleiche, das wäre auch schlimm. Es ist gut, dass die Leute zu Geld kommen können. Leider kommen viele bei uns auf unsaubere Weise dazu. Leute, die schon früher am Rande der Kriminalität lebten, sind zur Elite in diesem Land geworden. Das stört mich sehr. Viele Dinge funktionieren nicht.

Was hatte sie nach der Revolution bewogen, für das Bürgermeisteramt zu kandidieren?

Ich hatte eine Menge Ideale, die ich gegen die Macht der Kommunisten durchzusetzen versuchte. Auf dem Lande gab und gibt es bis heute wahnsinnig viel zu tun. Eigentlich hatte ich bei den Wahlen nur die zweitmeisten Stimmen bekommen. Vor mir landete ein jüngerer Kommunist, der aber nebenher gleich anfing, eine Firma aufzubauen. Das störte seine Genossen und sie setzten ihn ab. Mit mir als Bürgermeisterin meinten sie, leichtes Spiel zu haben. Aber sie haben sich dann kräftig gewundert, was ich alles durchgesetzt habe. Vieles war unheimlich schwer, jeder noch so kleine Erfolg war enorm wichtig.

Was gehört zu Ihren Erfolgen?

Ich habe beispielsweise vernünftige Verkehrsverbindungen organisiert, die es bis heute gibt. Die Verkehrsfirmen wehrten sich, wollten nicht in einem Gebiet mit geringer Bevölkerungsdichte investieren, sie wollten, wie alle damals, schnell zu Geld kommen. Und doch haben wir das hinbekommen. Es wäre gut gewesen, wenn wir schon damals Unterstützung aus der EU bekommen hätten. Leider geht auch heute zu wenig Geld von da in die Provinz, vieles bleibt in den Ballungszentren und vor allem in Prag. Eine falsche Politik.

Wenn Sie auf die Politiker heute schauen, was fällt Ihnen dazu ein?

Bis auf Ausnahmen kann man zu denen kein Vertrauen haben. Aber wir wählen sie fortwährend. Weshalb? Wollen wir keine Veränderungen? Haben wir Angst davor? Oder ist uns alles gleichgültig? Wir alle sind unzufrieden. Aber wir tun zu wenig dagegen.

Aber die Forderung nach freien Wahlen war eine Kernforderung der Revolution...

Das ist wahr. Wahr ist aber auch, dass die Leute erschöpft sind. Es gab so viele Versprechen am Anfang, so viele gute Ansätze. Aus vielem ist aber nichts geworden. Vielleicht hatten wir auch schlicht falsche Vorstellungen davon, wie der Kapitalismus funktioniert. Ohne Geld geht nichts. Tschechen mögen es, wenn ihnen die gebratenen Tauben in den Mund fliegen. Jetzt merken sie, dass das nicht passiert. Es herrschen ziemliche Apathie und Unzufriedenheit und die Überzeugung, dass man allein ohnehin nichts ändern könne. Dass man der »großen« Politik nicht trauen kann, ist eine meiner größten Enttäuschungen.

Gibt es auch etwas, worauf Sie 20 Jahre nach der Revolution stolz sind?

Natürlich ist nicht alles schlecht. Wir haben unendliche Möglichkeiten, uns zu entwickeln – die nötigen Finanzmittel vorausgesetzt. Wir müssen nicht nach Veränderungen von oben rufen, wir müssen damit anfangen, uns selbst zu verändern. Was mich freut, vor allem in Prag, aber nicht nur dort, das sind die veränderten Fassaden. Und das, was sich auch hinter diesen Fassaden verschönert hat. Das Land sieht insgesamt schöner aus, auch die früher vergessenen Dörfer.

Was überwiegt heute mehr, der Stolz oder die Enttäuschung?

Ich trauere dem Sozialismus wirklich nicht nach. Aber den Familien damals ging es zweifellos besser. Ein Kind ist heute eine große wirtschaftliche Kraftanstrengung. Heute kann man alles kaufen, aber man braucht Geld dafür. Es stört mich, dass wir tausende Supermärkte haben, die die kleinen Läden verdrängen. Es ärgert mich, dass wir nicht auf Qualität achten, dass in den Kneipen wie früher betrogen wird. Alles in allem überwiegt die Unzufriedenheit. Wenn wir uns alle bemühen würden, würde vieles anders aussehen.

Zum Beispiel?

Das beginnt schon bei der Erziehung der Kinder. Die hatten früher zu grüßen, in Bahn oder Bus für Ältere aufzustehen, einfach Respekt zu zeigen. Aber wie wollen wir den Kindern Kultur vermitteln, wenn unsere größte Freude ist, am Wochenende mit der ganzen Familie die Supermärkte zu stürmen?

Bei so viel Unzufriedenheit wäre es logisch, noch einmal in die Politik zu gehen. Lockt Sie das?

Ich denke immer wieder darüber nach, wenn ich Dinge sehe, die mir gegen den Strich gehen. Aber man braucht Verbündete dafür, denen man vertrauen kann. Ich bräuchte eine große Lupe, um diese Leute zu finden. Ich hatte einst das Angebot, in die große Politik zu gehen, zunächst für die Bürgerpartei ODS nach Ostrava mit der Perspektive Prag. Dass ich mich anders entschieden habe, hatte auch familiäre Gründe. Sehe ich auf die Politiker, könnte ich sagen, Gott sei Dank, dass ich mich gegen die Politik entschieden habe. Seit kurzem haben wir in Tschechien eine neue konservative Partei mit Fürst Schwarzenberg an der Spitze. Und ich denke ernsthaft darüber nach, mich dort einzubringen.

»Ich würde darüber gern mehr erfahren«

Interview mit Tereza Rypkova (20)

Tereza Rypkova, Jahrgang 1990, stammt aus dem nordböhmischen Lovosice. Sie studiert derzeit an der Pädagogischen Mittelschule in Litoměřice und möchte als Sozialarbeiterin tätig werden.

Was fällt Ihnen spontan ein, wenn es um die Zeit vor 1989 geht, als Sie selbst noch nicht auf der Welt waren?

Die Leute, mit denen ich darüber gesprochen habe, haben ganz unterschiedliche Auffassungen. Die einen erinnern sich daran, dass es mehr Arbeit gab als heute, dass alles billiger als heute war, kurz, dass das Leben besser gewesen sei. Meine Tschechisch-Professorin dagegen räumt das zwar auch ein, beklagt aber, dass es keine wirkliche Freiheit gegeben habe, dass man beispielsweise nicht reisen konnte. Das sei heute gewährleistet, es mangle allerdings an Arbeitsmöglichkeiten und somit auch am Geld, das man fürs Reisen benötige.

Was war das eigentlich genau, was da im November 1989 in der damaligen Tschechoslowakei stattgefunden hat?

Jetzt muss ich etwas überlegen ... Da mussten die Russen das Land verlassen? Nein, jetzt fällt es mir wieder ein, da sind erst die Studenten gegen die Kommunisten auf die Straße gegangen, und dann kamen immer mehr Leute dazu und läuteten mit ihren Schlüsselbunden das Ende für das alte Regime ein. An der Spitze stand Václav Havel.

Wird im Schulunterricht über 1989 gesprochen?

Eigentlich nicht. Der Geschichtsunterricht bei mir endete im Wesentlichen 1945. Ich kann mich zwar noch daran erinnern, dass auch mal vom Prager Frühling die Rede war, aber nur sehr kurz.

Würden Sie sagen, dass der heutige Geschichtsunterricht dazu anregt, mehr über die Vergangenheit zu erfahren?

Ich kenne kaum einen Mitschüler, der durch die Schule auf solche Dinge neugierig geworden ist. Ich würde darüber gern mehr erfahren, aber ich habe kaum Zeit für solche Dinge und bekomme eigentlich nur etwas über Geschichte mit, wenn ich etwas im Fernsehen sehe oder zufällig etwas in der Zeitung lese. Ich lese aber unsere Lokalzeitung, und da steht über diese Dinge nur sehr wenig drin.

Würden Sie gern mit jemandem persönlich über seine Erinnerungen an die Zeit reden, in der Sie noch nicht gelebt haben?

Das wäre zum Beispiel meine Tschechisch-Professorin, der ich vertraue. Sie hat diese Zeit miterlebt und nicht in bester Erinnerung. Das ist allerdings auch ein Grund dafür, dass sie von allein kaum darüber spricht. Man muss sie schon konkret danach fragen.

UNGARN

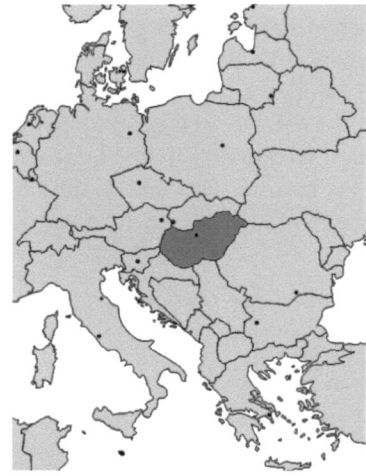

Wandel ohne Wechsel

Von Peter Bognar

Die Beurteilung des Systemwechsels vor 20 Jahren hat sich in Ungarn in den vergangenen Jahren zum Negativen verändert. Das Gros der erwachsenen Bevölkerung betrachtet die Wende von 1989 heute nicht nur kritisch, sondern stellt deren Errungenschaften sogar offen infrage. Unter den Wende-Skeptikern sind vor allem zwei Meinungen vorherrschend: Zum einen bewerten die Menschen die sozioökonomischen Umwälzungen seit 1989 als nicht fundamental genug, weshalb viele den Begriff »Systemwechsel« schlichtweg ablehnen. Zum anderen sind viele Ungarn der Ansicht, dass das Land nach der Wende in die falsche Richtung manövriert worden sei. Zwischen diesen beiden Grundhaltungen wurde im Gedenkjahr 2009 der Diskurs über den Systemwechsel geführt.

Ausstellungen, Film- und Musikfestivals sowie Konferenzen und Symposien widmeten sich im Jahr 2009 dem Umsturz. Einer der Höhepunkte der offiziellen Feierlichkeiten zum Gedenken an den Umsturz waren zum einen eine Gedenksitzung im ungarischen Parlament, der am 27. Juni zahlreiche ranghohe Politiker aus dem Ausland, darunter die Staatspräsidenten Deutschlands und Österreichs, Horst Köhler und Heinz Fischer, beiwohnten.

Den anderen Höhepunkt der offiziellen Festveranstaltungen markierte die Erinnerung an das so genannte »Paneuropäische Picknick« an der ungarisch-österreichischen Grenze unweit der Grenzstadt Sopron, an der auch die deutsche Kanzlerin Angela Merkel teilnahm. Während des

Paneuropäischen Picknicks am 19. August 1989 wurde kurzzeitig die ungarisch-österreichische Grenze geöffnet. Dabei konnten hunderte DDR-Bürger nach Österreich fliehen.

Jenseits der offiziellen Feierlichkeiten lehnten die Menschen ein feierliches Erinnern an den Systemwechsel eher ab. Der Grund dafür liegt sicherlich vor allem in den irrealen und hochgeschraubten Erwartungen, die den Beginn des Transformationsprozesses gekennzeichnet hatten und die im Laufe der 20 Jahre enttäuscht wurden. Der Transformationsprozess vermochte gerade jene Erwartungen nicht einzulösen, die bei den Menschen damals an oberster Stelle standen: bessere Lebensbedingungen, materieller Wohlstand und eine kompetente Staatsführung.

Selbst Künstler fielen nach einer anfänglichen, selbstvergessenen Euphorie zu Beginn der 1990er Jahre einer Desillusionierung anheim. Der Komponist und Performance-Künstler Tibor Szemző zum Beispiel sprach in einem Interview in der kulturellen Vierteljahreszeitschrift Magyar Lettre (Herbst 2009) von einer »schrecklichen Enttäuschung«. Die Quelle seiner Ernüchterung beschreibt Szemző so: »Rückblickend scheint es, als sei der Wandel unvermeidlich gewesen. Als wir in den 1970er und 1980er Jahren im alten System lebten, war der Gedanke an einen politischen Wandel etwas Utopisches. Unsere fatalistische Geisteshaltung wurde in ihren Grundfesten erschüttert, als das System in sich zusammenbrach. Wir dachten damals tatsächlich, dass nun eine kathartische Veränderung kommen müsse. Die Menschen würden ihr Schicksal in die Hand nehmen, ihr persönliches Schicksal und die Ungarn als Nation das ihrige, und so weiter. Und dann stellte sich ziemlich rasch heraus, dass es so etwas nicht gibt.«

Der Historiker und Direktor des Historischen Instituts Habsburg, András Gerő, differenziert in einem Interview in der Wochenendbeilage der Zeitung Népszava, Szép Szó (11. Juli 2009), das Bild von den geplatzten Illusionen weiter: »Die ungarische Gesellschaft hing dem Glauben an, dass im Zuge des Systemwechsels all das aus dem Sozialismus erhalten bleibt, was so angenehm war: die Vollbeschäftigung, das System der sozialen Leistungen, die Ausklammerung des wirtschaftlichen und gesellschaftlichen Wettbewerbs und die stabile, wenn auch dürftige, existentielle Sicherheit. Die Gesellschaft glaubte außerdem, dass zu alldem das üppige Angebot der westlichen Marktwirtschaft hinzukommt, will heißen, dass die guten Seiten der zwei Systeme zu einem gemeinsamen Ganzen werden und dass alles, was schlecht ist, verschwindet. Eine schwere Enttäuschung war also unvermeidlich.« In solchen Situationen rückten, so Gerő, Interpretationen in den Vordergrund, wonach »der Systemwechsel gestohlen wurde« oder dass »das Ganze ein Betrug war«. Gerő fordert deshalb: »Diese Art der Enttäuschung müssen wir endlich überwinden.«

Im öffentlichen Diskurs des Gedenkjahres machten vor allem Soziologen und Politologen darauf aufmerksam, dass in Hinblick auf die uneingelösten Erwartungen das politische Establishment ein hohes Maß an Verantwortung trage. Demnach hätten die politischen Eliten den Mut vermissen lassen, die Gesellschaft aufrichtig und ehrlich mit jenem langen und dornigen Weg zu konfrontieren, der bewältigt werden muss, um den ersehnten Wohlstand zu erlangen.

Der Sozialwissenschafter und linke Politiker Iván Vitányi umreißt die Versäumnisse der Politik in der gesellschaftskritischen und literarischen Monatszeitschrift Mozgó Világ (Dezember 2009) besonders anschaulich: »Die Politiker wussten, dass der Transformationsprozess mit Opfern verbunden ist. Indes hüteten sie sich davor, dies vor der Öffentlichkeit auszusprechen, geschweige denn, es der Gesellschaft direkt mitzuteilen. Stattdessen ließen sie die Menschen im Glauben, dass alles auf einmal besser sein wird. Es müsse nur die Diktatur abgeschüttelt werden, und schon würden wir wie im Westen leben. Die Gesellschaft wurde also mit dem Versprechen einer schmerzlosen Erlösung irregeleitet.«

Zumindest auf rhetorischer Ebene erteilte auch Regierungschef Gordon Bajnai der schädlichen politischen Augenwischerei eine Absage. Bei den Feierlichkeiten am 27. Juni 2009 sagte Bajnai in seiner Festrede, dass es in der Verantwortlichkeit der Politik liege, mit der Selbstbelügung und dem Nähren von Illusionen aufzuhören. »Wir müssen offen aussprechen, dass wir auch im besten Fall noch 20 bis 25 Jahre benötigen werden, um das durchschnittliche Wohlstandsniveau der Europäischen Union zu erreichen«, so Bajnai. 20 Jahre nach der Wende stellte der Regierungschef mit eindringlichen Worten klar: »Es gibt keinen einfacheren Weg, sondern nur einen längeren. Der Prozess des Systemwechsels wird daher niemals abgeschlossen sein.«

Zahlreiche Politologen, Soziologen und Ökonomen setzten sich mit den negativen Konsequenzen der Unaufrichtigkeit der politischen Elite auseinander. Dabei kommen die Autoren aus unterschiedlichen Wissenschaftsgebieten zu dem einhelligen Schluss, dass es in den zwanzig Jahren seit dem Systemwechsel aus den zuvor genannten Gründen nahezu alle Regierungen sträflich versäumt hätten, tiefgreifende Reformen auf den Weg zu bringen.

In einem Interview mit der Monatszeitschrift Beszélő (März 2009) bringt der Politologe und Ökonom László Lengyel die Versäumnisse der Politik seit dem Umbruch wohl am griffigsten auf den Punkt: »Einst galten wir als führender Reformstaat in der Region. Wir waren die Ersten bei der Liberalisierung der Preise und Löhne, wir haben als Erster unser Währungssystem umgestellt, wir waren die Ersten bei der Ausarbeitung eines Notenbank- und Bankgesetzes, und wir waren auch die Ersten, die private Kreditinstitute zuließen. Und nun sind wir diejenigen, die den anderen hinterherhinken. Uns stehen noch all jene grundlegenden Reformen bevor, die von den anderen Ländern Ostmitteleuropas bereits verwirklicht worden sind.«
Die Soziologin Mária Vásárhelyi formulierte auf den Seiten der liberal-intellektuellen Wochenzeitung Élet és Irodalom (17. Dezember 2009) dazu Folgendes: »Statt die so notwendigen umfassenden Reformen in Angriff zu nehmen, war die politische Elite in den vergangenen 20 Jahren mehr oder weniger damit beschäftigt, kleinliche und kurzsichtige parteipolitische Ziele zu verfolgen und in den Bürgern fortwährend Illusionen und Chimären zu nähren.«

Ein weiterer Grund für die weit verbreitete Wende-Verdrossenheit in Ungarn liegt darin, dass viele Menschen die sozioökonomischen Umwälzungen seit 1989 als nicht fundamental und revolutionär genug bewerten, weshalb der Begriff »Systemwechsel« – das spezifisch ungarische Synonym für den deutschen Begriff Wende – abgelehnt wird. In den öffentlichen Debatten über den »Systemwechsel« wurde die Anti-Wende-Rhetorik vor allem vom rechten politischen Spektrum verwendet. Einer der selbst ernannten Star-Politologen der politischen Rechten in Ungarn, Tamás Fricz, etwa machte seinem Frust über die »verspielte Wende« in einer Reihe von Artikeln Luft. Insbesondere sein Beitrag in der nicht selten radikale Töne anschlagenden rechtskonservativen Zeitung Magyar Hírlap (30. Oktober 2009) legt davon Zeugnis ab. Fricz schreibt: »Die Wende hat in Ungarn bloß formell und in rechtlichem Sinne stattgefunden.« Nach Ansicht des Politikwissenschafters tummeln sich im ungarischen Staatsapparat noch immer die Kader des real existierenden Sozialismus. Mithin kommt Fricz zu der Schlussfolgerung: »Die Form hat sich verändert, der Inhalt aber nicht.«

Woher rührt dieser antikommunistische Furor vieler politisch rechtsorientierter Menschen in Ungarn? In diesem Zusammenhang machten die zwei Politologen Róbert Balogh und Balázs Barkóczi in der linksliberalen Zeitung Népszabadság (13. August 2009) darauf aufmerksam, dass der entfesselte Antikommunismus und der damit einher gehende Wende-Skeptizismus der politischen Rechten in Ungarn mit der Niederlage der rechtskonservativen Volkspartei Fidesz bei den Parlamentswahlen im Jahr 2002 begonnen habe. Damals gelangte die Nachfolgeorganisation der ehemaligen kommunistischen Staatspartei, die Ungarische Sozialistische Partei (MSZP), an die Regierung, worauf der Fidesz in einen rüden Antikommunismus verfiel und zunehmend auch den Systemwechsel in Frage stellte. Die Politikwissenschafter Balogh und Barkóczi schreiben dazu: »Bis 2002 war die Ablehnung des Systemwechsels nur für die radikale Rechte kennzeichnend und in Ungarn daher nur ein marginales Phänomen. Im Jahr 2009 indes ist sie bereits ein natürliches Element der Mainstream-Politik, was sich auch in Wählerstimmen und einer breiten gesellschaftlichen Unterstützung manifestiert (Fidesz).«

Unzufrieden mit der Demokratie

Einer in den Ländern Ostmitteleuropas durchgeführten Meinungsumfrage des US-amerikanischen Pew Research Centers zufolge sind 77 Prozent der Ungarn mit der Demokratie unzufrieden. 72 Prozent haben außerdem das Gefühl, dass sie heute schlechter leben als während des Kommunismus.

46 Prozent der befragten Ungarn finden die Marktwirtschaft gut. Auf die Frage, ob ein starker Führer oder eine demokratische Regierung wichtiger seien, gaben 49 Prozent der Ungarn die Antwort, dass sie einen starken Führer wollten, lediglich 42 Prozent wünschen sich eine demokratische Regierung.

Zum Vergleich: Nur 12 Prozent der Slowaken und 15 Prozent der Tschechen wollen einen starken Führer. In beiden Ländern bevorzugen 81 Prozent der Befragten eine demokratische Regierung.

In Anbetracht der Tatsache, dass mehr als drei Viertel der Ungarn unzufrieden mit der Demokratie sind (siehe Kasten 1) kommt der Publizist Szabolcs Panyi auf dem Meinungsportal Komment.hu (16. November 2009) zu dem Schluss, dass der Eiserne Vorhang immer noch in den Köpfen der Ungarn sei. Panyi findet es traurig, dass das Gedenken an den Fall des Eisernen Vorhangs Ungarn völlig kalt gelassen habe. Hinter den leeren Phrasen der Politik und der Medien verberge sich eine gesamtgesellschaftliche Interessenlosigkeit. Panyi schreibt: »Insbesondere in Ungarn haben viele schlicht und einfach vergessen, dass die vor 20 Jahren zurückgewonnenen Werte wie Freiheit, Selbständigkeit und Rechtsstaatlichkeit keineswegs etwas Selbstverständliches sind. Es gäbe daher Grund genug, stolz und in Feierlaune zu sein.«

Der junge Philosoph Zoltán Ranschburg knüpft hier an und stellt mit Unverständnis die Frage, warum jene Generation, die in den 1980er Jahren oder danach geboren wurde, kaum etwas über die Ereignisse der Jahre 1989/90 weiß. In dem monatlich erscheinenden gesellschaftskritischen Periodikum Egyenlítő (Juli-August 2009) formuliert Ranschburg weitere Fragen: »Warum wird der Systemwechsel nicht in den Schulen gelehrt? Warum sind die Geschehnisse 1989/90 nur ein verschwommener grauer Fleck in den Augen jener, die zu jung sind, um sich daran zu erinnern?« Nicht genug, dass die Politik verantwortungslos Illusionen in der Gesellschaft genährt hat: Das offizielle Ungarn hat mit Blick auf den Systemwechsel offenbar auch bei der Aufklärung und Sensibilisierung der jungen Generationen versagt.

Zu den vielen umstrittenen Fragen im Zusammenhang mit dem Systemwechsel in Ungarn gehört auch die Rolle der Gesellschaft im Zuge der Umwälzungen in den Jahren 1988/89. Welchen Anteil hatten die Ungarn am Fall des Eisernen Vorhangs? Der ehemalige ungarische Regierungschef Viktor Orbán (1998-2002) widersprach bei einer von der Konrad Adenauer Stiftung am 11. September 2009 in Budapest organisierten Konferenz zum Gedenken an die Grenzöffnung vor 20 Jahren jener Meinung, wonach 1989 die politische Elite des alten Systems und die Vertreter der Demokratiebewegung einen Konsens ausgehandelt hätten und der Druck der Massen mithin keine Bedeutung gehabt habe. Orbán erinnerte daran, dass es damals mehrere Massenkundgebungen gegeben habe, gegen die Dorfzerstörungen in Rumänien, gegen den geplanten Bau eines Wasserkraftwerks bei Visegrád (rund 30 Kilometer nördlich von Budapest) und auch eine Kundgebung aus Anlass der Neubeisetzung des Ministerpräsidenten des Volksaufstandes von 1956, Imre Nagy, und seiner Gefährten. Orbán betonte, dass ohne diese Demonstrationen »die Dynamik des Übergangs eine andere gewesen wäre«.

Dass der Systemwechsel rasch und friedlich vonstatten ging, sei ein Verdienst mehrerer Millionen Ungarn und nicht der Elite gewesen, so Orbán. Der Ex-Premier gab denn auch seiner Überzeugung Ausdruck, dass die weltpolitischen Veränderungen, die Reformpolitik des sowjetischen Staatschefs Michail Gorbatschow, die Schwächung der Sowjetunion und die Politik von

US-Präsident Ronald Reagan für die Umwälzungen nicht ausreichend gewesen wären, hätte das ungarische Volk die Demokratie nicht gewollt.

Dem hielt ein anderer Protagonist des demokratischen Übergangs von 1989, der Politologe Péter Tölgyessy, im staatlichen Radiosender MR1 Kossuth Rádió (18. Mai 2009) entgegen, dass während der Wende die politische Aktivität der Bürger äußerst niedrig gewesen sei. Ironisch fügte Tölgyessy hinzu: »Zur Zeit des Systemwechsels gab es nur eine einzige große Massenbewegung. Das war der ungarische Einkaufstourismus nach Wien.« Ebenfalls im Widerspruch zu Orbán erklärte der Politologe, dass der Systemwechsel in Ungarn ein Kompromiss gewesen sei, an dem das Land nicht teilgenommen habe. »Nicht zuletzt deshalb können sich viele Menschen damit nicht identifizieren«, sagte Tölgyessy.

Auch der Politikwissenschafter und Chefredakteur der Monatszeitschrift Egyenlítő, Béla Galló, vertritt eine andere Meinung als Orbán. Auf den Seiten von Egyenlítő (Juli-August 2009) schreibt Galló: »Wir müssen uns mit der Tatsache abfinden, dass der Systemwechsel 1989/90 nicht zuletzt aufgrund der Veränderungen der internationalen Kräfteverhältnisse eintrat. Das System wurde also nicht von innen gestürzt.«

Vier Lesarten des Systemwechsels

Der Publizist und Übersetzer János Széky hat in der Wochenzeitung Élet és Irodalom (22. Oktober 2009) zum Begriff des Systemwechsels in Ungarn vier verschiedene Lesarten definiert:

Erstens: Die Definition mit dem weitesten Horizont geht davon aus, dass der Systemwechsel in allen Bereichen des gesellschaftlichen Lebens stattgefunden hat. Diese Lesart ist für Ungarn aber nicht typisch.

Zweitens: Unter Intellektuellen und Politikern wird viel eher die Definition vertreten, wonach der Systemwechsel in erster Linie ein politischer Wandel war. Diese Interpretation ist für Ungarn besonders kennzeichnend.

Drittens: Die dritte Definition spitzt alles auf den Kampf und Gegensatz zwischen ungarischem Volk und kommunistischem Regime zu. Diese Lesart blendet die wirtschaftliche Transformation völlig aus.

Viertens: Die vierte Definition sieht in den Ereignissen von 1989 keinen Systemwechsel, sondern einen Kuhhandel. Hier handelt es sich ganz und gar um eine mythische Interpretation von 1989, die den Systemwechsel als »verspielt« betrachtet.

Dementsprechend heterogen ist die Haltung der Ungarn gegenüber den Ereignissen 1989/90.

Aufgrund der vier Wende-Definitionen des Publizisten und Übersetzers János Széky (siehe Kasten 2) kommt der Literaturwissenschafter Béla Bodor (Élet és Irodalom, 13. November 2009) zu der Schlussfolgerung, dass es 1989 »zwar Veränderungen gegeben hat, jedoch keinen Systemwechsel«. Der Publizist Vilmos Faragó wiederum kann dem Ansatz von Széky nicht viel abgewinnen. Der Grund: Er sei von der Wirklichkeit der Alltagsmenschen entrückt. Faragó schreibt: »Die ungarische Gemeinschaft hat in den 20 Jahren seit der Wende nur schlechte Erfahrungen gesammelt. Sie pfeift auf Definitionen des Begriffs Systemwechsel. Derartige Haarspaltereien empfindet sie als sinnlos.«

Über die Politiker und die wahren Bedürfnisse der ungarischen Bevölkerung schreibt Faragó: »Die Politiker haben außer Acht gelassen, dass die Mehrheit der Gesellschaft kaum Interesse an der Freiheit hat (die Forderung nach Freiheit betrachtete sie als einen Luxus der Intellektuellen). Sie wollte lediglich ein höheres Lebensniveau. (…) Die Onkel Mariskas (sprich das einfache Volk) hatten keinen blassen Schimmer, was 1989 mit ihnen und um sie herum geschah.«

»Ein Dritter Weg kam für uns nie in Frage«

Interview mit Bálint Magyar (57)

Der Soziologe Bálint Magyar, 57, ist Gründungsmitglied des liberalen Bunds Freier Demokraten (SzDSz), der am 13. November 1988 gegründet wurde. Zuvor hatte er aktiv an der Demokratiebewegung der 1980-

er Jahre teilgenommen. Zwischen 1996 und 1998 sowie 2002 und 2006 war er ungarischer Bildungsminister.

Ab welchem Zeitpunkt haben Sie aktiv an der Demokratiebewegung teilgenommen?

Der Beginn meines Engagements in der so genannten demokratischen Opposition war Ende der 1970er Jahre. Nachdem Václav Havel 1979 in der damaligen Tschechoslowakei inhaftiert worden war, initiierte die ungarische Demokratiebewegung eine Unterschriftenaktion (»Zweite Charta«), um die kommunistische Führung unter János Kádár dazu zu bewegen, auf das tschechoslowakische Regime unter Gustáv Husák einzuwirken. Ich war damals einer jener 252 Personen, die an der Unterschriftenaktion teilgenommen haben.

Wie haben Sie sich weiter engagiert?

Zwischen 1981 und 1985 war ich maßgeblich an der Verbreitung der Samizdat-Zeitschrift Beszélő beteiligt. Ich war sozusagen der Verbindungsmann zwischen der Redaktion, die vom Philosophen János Kis geleitet wurde, und der illegalen Druckerei in einem Bauernhaus in der nordungarischen Ortschaft Dunabogdány. Ende 1988 schließlich war ich Mitbegründer des SzDSz.

Welche Rolle spielte der SzDSz während des Systemwechsels?

Seit seiner Gründung im Jahr 1988 war der SzDSz die treibende Kraft der Revolution in Ungarn. Wir hatten damals nur ein Ziel vor Augen: den Systemwechsel. Ein »Dritter Weg« oder eine Art »sozialistische Demokratie« kam für uns nie in Frage. Was wir wollten, waren der Anschluss an den Westen, freie Marktwirtschaft und ein demokratisches System.

Wie ging der Prozess des demokratischen Übergangs vor sich?

Das Drehbuch zum Systemwechsel in Ungarn wurde von uns Freien Demokraten geschrieben. Die so genannten Oppositionellen Rund-Tisch-Verhandlungen fanden zwischen März und Juni 1989 statt. Im Anschluss, zwischen Juni und September 1989, wurden die so genannten Nationalen Rund-Tisch-Verhandlungen abgehalten, bei denen die Vertreter der Demokratiebewegung und die Repräsentanten der Staatspartei, der Ungarischen Sozialistischen Arbeiterpartei (MSZMP), den Weg für Demokratie, Marktwirtschaft und freie Wahlen ebneten.

Welche Rolle spielte der SzDSz dabei?

Wir forderten von Anfang an, dass die Verhandlungen nur auf freie

Wahlen hinauslaufen dürfen. Außerdem bestanden wir darauf, dass fundamentale Gesetzänderungen in Kraft treten. Dazu gehörten das Recht auf freie Meinungsäußerung, das Versammlungs- und Vereinigungsrecht, ein demokratisches Wahlrecht und die rechtlich verankerte Depolitisierung von Polizei und Militär.

Gab es in der Zeit des Systemwechsels auch Misstöne innerhalb der Demokratiebewegung?

Ja, die gab es. Vor allem hinsichtlich der zeitlichen Reihenfolge der Parlaments- und Präsidentschaftswahlen. Es gab Stimmen, die noch vor der Abhaltung von Parlamentswahlen auf eine Direktwahl des Staatschefs pochten. Diesen Standpunkt vertrat vor allem das Ungarische Demokratenforum (MDF), das später bei den ersten freien Parlamentswahlen stimmenstärkste Partei war. Letztlich setzte sich aber der gemeinsame Standpunkt des SzDSz und der ebenfalls liberalen Jungdemokraten (Fidesz) durch, wonach der Staatspräsident vom Parlament zu wählen sei.

Womit erklären Sie sich die heutige Politikverdrossenheit und Demokratiemüdigkeit 20 Jahre nach der Wende?

Mit den geplatzten Illusionen. Zur Zeit des Wechsels hingen die Menschen dem Irrglauben an, dass mit der Erlangung der Freiheit auch westlicher Wohlstand einhergeht. Stattdessen sahen sie sich mit wirtschaftlichen Problemen und dem Verlust der einstigen sozialen Sicherheit konfrontiert.

»Es muss ein neuer Wechsel her«

Interview mit Gergely Nagy (20)

Gergely Nagy hat mit 20 Jahren sein Studium der Soziologie abgebrochen. Er verdient sich seinen Lebensunterhalt mit Gelegenheitsjobs.

Was denken Sie über den Systemwechsel vor 20 Jahren?

Die Bedeutung des Falls des Eisernen Vorhangs ist für mich emotional nur schwer zugänglich. Um es zu veranschaulichen: Mein Vater konnte zum ersten Mal mit 25 Jahren ins Ausland reisen. Demgegenüber habe ich mit 20 Jahren bereits zwölf Länder besucht. Dass ein europäischer Bürger frei in der Welt herumreisen kann, kann ich beim besten Willen nicht als Errungenschaft oder Wohltat der Geschichte betrachten. Für mich ist dieser Zustand absolut natürlich.

Was denken Sie über den Sozialismus?

Im Grunde genommen habe ich keine negativen Assoziationen. Jeder in diesem Land hatte vor 1989 ein sicheres Einkommen und eine Wohnung. Außerdem herrschte damals noch Solidarität zwischen den Menschen. Heute ist dies nicht mehr der Fall. Wir leben heute in einer Ellbogengesellschaft, in der das eigene egoistische Wohlergehen oberste Maxime ist. Hinzu kommt, dass die sozialen Unterschiede stetig wachsen, dass die Zahl jener, die in bitterer Armut leben, laufend steigt, dass viele Menschen ein Dasein in existentieller Angst und Perspektivlosigkeit führen und dass eine dünne Schicht von Privilegierten Unmengen an Geld scheffelt.

Über Demokratie und Marktwirtschaft haben Sie demzufolge keine sehr gute Meinung?

So ist es. Ich kann jedenfalls nicht die Meinung teilen, dass wir in der besten aller möglichen Welten leben. Es fällt mir auch schwer, den Systemwechsel positiv zu betrachten. Denn was sehen wir heute: Die Macht ist wieder in den Händen jener kommunistischen Kader, die vor 1989 am Ruder waren. Eines der größten Versäumnisse von 1989 ist, dass es mit der politischen Führung des alten Systems keine Abrechnung gab. Außerdem gab es für jene Familien, die während des Kommunismus enteignet worden waren, keine Wiedergutmachungen. Stattdessen haben die Kommunisten heute wieder das Sagen. Sie betreiben einen Ausverkauf des Landes und die Preisgabe Ungarns an fremde Interessen.

Was muss Ihrer Meinung nach anders werden?

Es muss ein neuer Wechsel her. Die Ungarn müssen ihr Schicksal endlich in die eigene Hand nehmen. Oder anders gesagt: All das muss wieder in ungarischen Besitz gelangen, was ursprünglich den Ungarn gehört hat. Die wichtigsten Fabriken und Unternehmen sollten rückverstaatlicht werden. Außerdem glaube ich, dass nur ein starker Staat und eine starke politische Führung für Ruhe, Ordnung und soziale Gerechtigkeit sorgen können. Jenem Chaos, das wir in Ungarn heute Demokratie nennen, kann ich leider nicht viel abgewinnen.

Die Autoren

Albanien: Gerda Dalipaj/Eckehard Pistrick
Die Ethnologin und Dichterin Gerda Dalipaj und der Musikethnologe Eckehard Pistrick haben seit 2004 systematisch die städtische und dörfliche Kultur Mittel- und Südalbaniens erforscht. Neben ihrer wissenschaftlichen Tätigkeit an den Universitäten von Tirana, Aix-en-Provence und Halle arbeiten sie journalistisch für verschiedene Zeitungen (»Gazeta Shqip«, »Mitteldeutsche Zeitung«) und Radiosender (Bayrischer Rundfunk, Mitteldeutscher Rundfunk, Radio Corax). Dalipaj hat zudem an zahlreichen NGO-Projekten in Albanien u.a. von UNICEF und USAid mitgearbeitet, Pistrick organisierte 2005 und 2009 Konzerttouren in Mitteleuropa, bei denen traditionelle albanische Lyrik und Musik erstmals der Öffentlichkeit präsentiert wurden.

Bulgarien: Diljana Lambreva
Diljana Lambreva studierte Germanistik an der Sofioter Universität St. Kliment Ohridski und den gemeinsamen Masterstudiengang Medien und Interkulturelle Kommunikation der Universitäten Viadrina in Frankfurt (Oder) und St. Kliment Ohridski in Sofia. Sie ist freie Journalistin in Sofia/Bulgarien und arbeitet für den österreichischen Standard. Außerdem sichtete sie als euro|topics-Korrespondentin zwei Jahre lang täglich die bulgarische Presse.

Deutschland: Benjamin Haerdle
Benjamin Haerdle studierte Biologie in Marburg, Wien und Tiflis. Danach absolvierte er ein Redaktionsvolontariat bei der Deutschen Universitätszeitung DUZ. Als Ifa-Medien- und Kulturassistent arbeitete er im polnischen Olsztyn. Seit 2003 ist er freier Journalist in Leipzig u.a. für DUZ, Spiegel Online, Berliner Zeitung, Stuttgarter Zeitung.

Polen: Marcin Rogoziński
Marcin Rogoziński studierte Germanistik und Journalistik in Poznań sowie Kommunikationswissenschaften an der FU Berlin. Nach dem Studium

arbeitete er als Produktionsleiter beim Polnischen Fernsehen, als Radio- und Printjournalist. 2007 war er Stipendiat des Journalisten-Kollegs der FU Berlin, seit 2006 ist er politischer Journalist bei der Tageszeitung Gazeta Poznańska und Mitarbeiter bei der polnischen Ausgabe des Focus.

Rumänien: Alex Gröblacher

Alex Gröblacher arbeitet seit seinem Studium der Kommunikation und Öffentlichkeitsarbeit als Journalist: bis 2001 beim deutschen Dienst von Radio Rumänien International, dann zwischen 2003 bis 2009 beim deutschsprachigen Wirtschaftsmagazin debizz (debizz.ro) in Bukarest. Seit 2008 produziert er regelmäßig eine IT-Kolumne im Ersten Programm des Landeshörfunks. Im Moment baut er in Bukarest das neue deutschsprachige Nachrichtenmagazin punkto.ro auf.

Slowakei: Steffen Neumann

Steffen Neumann hat bereits als Schüler journalistisch gearbeitet: Er war Herausgeber der Schülerzeitschrift Kickers Journal. Seit dem Studium der Bohemistik, Russistik und Evangelischen Theologie in Halle/Saale, Berlin und Prag arbeitet er als freier Journalist und Autor in Berlin und Prag. 2003 gründete er mit Kollegen des Osteuropa-Wirtschaftsportal nov-ost. info, zuvor war er Redakteur beim Wirtschaftsverlag baltic consult.

Tschechien: Hans-Jörg Schmidt

Hans-Jörg Schmidt studierte Journalistik und lebt seit 1990 in Prag, wo er freiberuflich als Tschechien- und Slowakei-Korrespondent für deutschsprachige Medien tätig ist. Zu seinen Kunden gehören Die Welt, die Welt am Sonntag und die Sächsische Zeitung. Außerdem sichtet er täglich tschechische und slowakische Medien für die Presseschau euro|topics. 2006/2008 veröffentlichte der Christoph-Links-Verlag Berlin sein Buch »Tschechien – eine Nachbarschaftskunde für Deutsche«.

Ungarn: Peter Bognar

Peter Bognar studierte Politikwissenschaft, Philosophie und Finno-Ugristik in Wien und Budapest. Er ist Ungarn-Korrespondent der österreichischen Tageszeitung »Die Presse« und Redakteur des ungarischen Wochenblatts »Budapester Zeitung«. Darüber hinaus arbeitet er als Übersetzer. Peter Bognar sichtet zudem für euro|topics täglich die ungarische Presse.